2021

中国粮食和物资储备发展报告

2021 REPORT ON THE DEVELOPMENT OF FOOD AND STRATEGIC RESERVES IN CHINA

国家粮食和物资储备局 主编

人民出版社

编 委 会

统筹编辑

刘珊珊　高丹桂

编　辑

崔菲菲　张慧杰　胡耀芳

目　录

目　录

目　录

目 录

目　录

2020 年中国粮食和物资储备发展概述

2020 年是决胜全面建成小康社会、决战脱贫攻坚之年，也是“十三五”规划收官之年。全国粮食和物资储备系统坚持以习近平新时代中国特色社会主义思想为指导，全面贯彻党的十九大和十九届二中、三中、四中、五中全会精神，围绕统筹疫情防控和经济社会发展，立足职能扎实做好“六稳”工作、全面落实“六保”任务，抓重点、补短板、强弱项，防风险、稳市场、保安全，“深化改革、转型发展”成效显著，粮食、能源和战略物资、应急物资储备实力明显增强，应对风险挑战能力进一步提高。

一、围绕中心服务大局，在疫情防控大战大考中担当尽责

按照中央应对疫情工作领导小组和国务院联防联控机制各项部署，国家粮食和物资储备局和全系统闻令而动，全力做好湖北、北京等重点区域联保，协调推进粮源组织调度、粮食企业复工复产、粮食产销衔接等工作，调度大中城市及价格易波动地区的成品粮油库存，实行全国粮油市场日监测日报告制度，健全粮食市场监测预警体系，确保粮油供应不断档、不脱销。认真落实粮食市场调控措施，完善粮食“产购储加销”协同保障机制，相机加大政策性粮源投放，有效满足市场需求。紧急调运中央救灾物资，满足疫情防控急需。延长东北地区中晚稻最低收购价预案执行期，适当提前早籼稻最低收购价预案执行起始时间，守住农民“种粮卖得出”的底线。采取新闻发布、答记者问、署名文章、专家访谈等方式，主动发声，回应关切。各地粮源组织和调运顺畅有序，粮食应急保障企业服从调度、积极行动，全国粮食库存充实、储备充足、供应充裕，总体保持平稳态势。

二、深化改革完善机制，不断提高粮食安全治理能力

认真贯彻《关于改革完善体制机制加强粮食储备安全管理的若干意见》，各省级党委、政府先后出台实施意见，20 项重点任务正在落细落实，中央储备粮轮换管理暂行办法等配套文件印发实施。积极谋划推动战略和应急物资储备安全管理改革。加快推动粮食和物资储备领域立法修规进程，粮食安全保障法立法进展顺利，粮食储备安全管理条例正式向社会公开征求意见，《粮食流通管理条例》提报国务院常务会议审议，主要从政策性粮食管理、市场监管、质量安全管理、防止和

减少粮食损失浪费、违法行为惩处等五个方面作了修改强化，将对维护流通秩序、保障粮食安全提供有力支撑。10多个省份将粮食储备法规规章列入省级立法计划，多地先后出台省级地方性法规，粮食安全依法治理的制度环境进一步优化。召开全国粮食安全省长责任制考核工作动员部署视频会议，11个部委单位联合印发《关于2020年度认真落实粮食安全省长责任制的通知》，粮食安全省长责任制考核方案和指标体系不断完善，各地重视程度不断提高。扎实开展中央储备粮棉管理和中央事权粮食政策执行情况年度考核，严格"业务体检"，着力发现和整改问题隐患，敦促承储企业完善机制、加强内控，努力确保中央储备安全可靠。

三、深入推进优质粮食工程，加快粮食产业高质量发展

优质粮食工程累计投入中央财政资金215亿元，带动地方和社会投资600多亿元，三个子项落地见效；在浙江召开现场经验交流会和专家论证会、主题报告会，重点推广"湖州模式"，实施粮食绿色仓储提升等"六大行动"，全面推进"五优联动"，着力打造优质粮食工程升级版。在福建举办第三届中国粮食交易大会，构建"三位一体"新型交易模式，成交量和影响力显著提升。举办第二届全国贫困地区优质特色粮油产品展销会，消费扶贫做法被评为2020年全国消费扶贫优秀典型案例。多措并举抓好市场化收购和政策性收购，全年收购粮食4亿吨。精心培树"阜南样板"，在全国64个原国家级贫困产粮县推广阜南经验。召开全国粮食和物资储备执法督查工作会议，印发关于创新方式强化监管与时俱进做好执法督查工作的指导意见，完善监管长效机制。优化升级12325粮食监管热线，加快建设中央储备粮库存动态监管系统，信息化监管水平不断提高。

四、持续增强国家储备实力效能，着力提升防范化解风险挑战能力

按照与国家"十四五"规划同步编制的要求，配合做好粮食安全中长期规划和国家储备发展规划编制，组织编制形成粮食产业高质量发展等5个专项规划文本初稿。积极推动仓储、物流、安全和应急设施建设，扎实推进能源储备能力建设、粮食安全保障调控和应急设施专项中央预算内投资项目建设、储备仓库安全综合整治行动建设，仓储安全性能、整体功能明显增强。整合优化现有储备仓储资源，启动实施综合性国家储备基地建设。大力推动全系统信息化建设，互联互通和融合应用进度加快。设立物资储备行业标准，制定6项标准规范，实现物资储备标准从无到有的突破。认真履行中央应急救灾物资储备管理职责，采购中央应急救灾物资22.3亿元，全年调运33批次、2.2亿元物资，有力支援了疫情防控、抗洪抢险和抗震救灾。

五、坚持政治统领强化关键支撑，努力走好“第一方阵”

围绕深入学习党的十九届四中、五中全会精神，组织中心组集体学习，举办专题辅导报告、专题党课，制定实施方案，将全会精神贯穿到粮食和物资储备改革发展全过程。围绕落实习近平总书记关于粮食和物资储备的重要讲话、指示、批示精神，印发了健全储备体系提升储备效能、切实保障国家粮食安全的两个通知，跟进抓好落实。按照党中央统一部署，精心组织“让党中央放心、让人民群众满意”模范机关创建活动，开展强化政治机关意识教育，深入推进支部标准化规范化建设，全面提高党的建设质量。细化完善落实中央八项规定精神的配套制度，狠抓制度落地执行，持之以恒纠“四风”转作风。建立到岗到人的廉政风险防控机制，从严监督执纪问责。制定加快提升干部综合素质和专业能力的实施方案，印发《关于“人才兴储”的实施意见》。首次组织机构改革后全系统表彰，会同人社部表彰全国粮食和物资储备系统先进集体、先进个人，同时开展国家粮食和物资储备局抗击新冠肺炎疫情先进集体和先进个人、“担当作为好干部”和“干事创业好团队”表彰工作，营造心齐劲足、干事创业的浓厚氛围。

撰稿单位：国家粮食和物资储备局办公室
撰稿人：王勇
审稿人：方进

专栏 1 切实端牢十四亿中国人的饭碗

——写在二〇二〇年世界粮食日之际

国家发展和改革委员会党组成员
国家粮食和物资储备局党组书记、局长 张务锋

今年10月16日是第四十个“世界粮食日”，联合国粮农组织确定的活动主题是“齐成长、同繁荣、共持续。行动造就未来”。“全国粮食安全宣传周”活动于“世界粮食日”所在的周深入开展，今年的主题是“端牢中国饭碗，共筑全球粮安”。作为世界性的重大课题，粮食安全是世界和平与发展的重要保障，是构建人类命运共同体的重要基础。对我们国家而言，14亿人口要吃饭是最大的国情，解决好吃饭问题是治国理政的头等大事。

党的十八大以来，以习近平同志为核心的党中央把粮食安全作为治国理政的头等大事，提出了“确保谷物基本自给、口粮绝对安全”的新粮食安全观，确立了“以我为主、立足国内、确保产能、适度进口、科技支撑”的国家粮食安全战略，引领推动了粮食安全理论创新、制度创新和实践创新，走出了一条中国特色粮食安全之路。中国用全球9%的耕地、6%的淡水资源生产的粮食，养活了近20%的人口，实现了由“吃不饱”到“吃得饱”进而“吃得好”的历史性转变。这是一个了不起的成就，对世界也是一个巨大贡献。面对突如其来的新冠肺炎疫情，各级各有关部门和企业闻令而动、担当尽责，在统筹疫情防控和经济社会发展背景下，我国社会始终保持稳定，粮食和重要农副产品稳定供给功不可没。实践证明，党中央、国务院关于国家粮食安全战略的决策部署是完全正确的，确定的保供稳价政策举措是科学有效的。

居安思危，安不忘危。在坚定信心的同时，应当清醒认识到，受新冠肺炎疫情影响，全球粮食安全面临诸多挑战，给人们上了一堂生动的“警示课”；我国粮食中长期供求仍呈紧平衡态势，当前结构性矛盾突出，任何时候粮食安全这根弦都不能松。要深入贯彻新发展理念，积极融入新发展格局，认真落实总体国家安全观和国家粮食安全战略、乡村振兴战略，加快构建更高层次、更高质量、更有效率、更可持续的粮食安全保障体系。

坚决扛稳粮食安全重任，着力夯实粮食安全的基础。粮食稳，全局稳。充分发挥粮食安全省长责任制考核导向作用，调动各地重农抓粮积极性，实施“藏粮于地、藏粮于技”战略，稳步提升粮食产能，为保持粮食供需总量平衡增添后劲。加强储备能力建设，严格政府储备管理，优化储备粮品种结构和区域布局，强化

中央储备和地方储备协同运作，发挥好“压舱石”和“稳定器”作用。建立健全粮食“产购储加销”协同联动机制，建设完善一批粮食应急保障中心，修订粮食应急保障预案，加强粮食市场监测预警，增强应对突发事件的能力。

深入推进优质粮食工程，加快粮食产业高质量发展。产业强，粮食安。围绕抓好“粮头食尾”和“农头工尾”，延伸粮食产业链、提升价值链、打造供应链，加快建设现代化粮食产业体系。深入实施优质粮食工程，重点推进粮食绿色仓储提升、粮食品种品质品牌提升、粮食质量追溯提升、粮食机械装备提升、粮食应急保障能力提升、粮食节约减损健康消费提升等“六大行动”，推动优粮优产、优购、优储、优加、优销“五优联动”，增加绿色优质粮油产品供给，满足广大人民群众对粮油消费升级的需求，在更高层次上保障国家粮食安全。

厉行节约反对浪费，切实增强节粮减损工作实效。习近平总书记多次强调高度重视节约粮食。要统筹抓好粮食收获、仓储、运输、加工、消费等各环节减损工作，支持节粮减损技术和装备研发推广应用，优化原粮散粮物流运输体系；研究探索社会多元储粮新机制，指导帮助农民实施农户科学储粮项目。积极开展世界粮食日和全国粮食安全宣传周、科技活动周等主题活动，发挥好粮食安全宣传教育基地作用，营造爱粮节粮的浓厚社会氛围。

运用改革办法和法治思维，推动粮食安全治理体系和治理能力现代化。改革完善粮食储备安全管理体制机制，强化政府储备公共产品属性，坚持政策性职能和经营性职能彻底分开；厘清承储主体职能定位，压实承储企业主体责任和政府部门监管责任。加快粮食安全保障立法修规进程，加快推动《粮食安全保障法》立法；制修订《粮食流通管理条例》和《粮食储备安全管理条例》；积极做好相关地方立法工作。创新强化粮食执法监管督查，加快建设储备粮库智能信息化动态监管系统，统筹运用综合交叉执法检查和信用监管、12325 粮食监管热线等方式，依法守住管好“天下粮仓”。

加强粮食领域国际合作，积极维护世界粮食安全。作为世界上最大的发展中国家和负责任大国，中国始终是维护世界粮食安全的积极力量。认真落实与联合国世界粮食计划署等国际组织签署的谅解备忘录，继续推进粮食领域南南合作，深化与共建“一带一路”国家的粮食经贸合作关系。积极支持粮食企业“走出去”和“引进来”开展国际合作，合理利用两个市场、两种资源。探索国际粮食合作新模式，促进形成更加安全、稳定、合理的国际粮食安全新局面。

（《人民日报》2020 年 10 月 16 日）

第一部分

粮食生产

一 粮食生产概述

2020 年，各级农业农村部门认真学习贯彻习近平总书记关于农业生产和粮食安全工作的重要指示批示要求，全面落实党中央、国务院决策部署，积极应对新冠肺炎疫情对农业生产的不利影响，加强对粮食等重要农产品供求形势研判，加大政策支持力度，采取超常规措施，全力组织推进农业生产各项工作，努力夺取小康之年粮食和农业丰收。

（一）面积稳中有增

2020 年粮食播种面积 11676.8 万公顷，比上年增加 70.4 万公顷，增幅 0.6%，扭转了粮食播种面积连续下降势头。

（二）单产基本稳定

2020 年粮食平均单产每公顷 5734.0 公斤，比上年略增 13.5 公斤，增幅 0.2%。

（三）总产十七连丰

2020 年粮食总产 66949.0 万吨，比上年增加 565.0 万吨，增幅 0.9%，粮食产量连续 6 年稳定在 65000 万吨以上。

撰稿单位：农业农村部种植业管理司

撰稿人：项宇、冯宇鹏

审稿人：陈友权

二 粮食生产品种结构

（一）三季粮食产量均实现增加

1. 夏粮面积略减、产量增加

2020 年夏粮播种面积 2617.2 万公顷，比上年减少 18.2 万公顷，减幅 0.7%；产量 14286.2 万吨，比上年增加 129.0 万吨，增幅 0.9%；单产每公顷 5456.5 公斤，比上年增加 83.5 公斤，增幅 1.6%。

2. 早稻面积、产量均增

2020 年早稻播种面积 475.1 万公顷，比上年增加 30.1 万公顷，增幅 6.8%，为近 7 年来首次增加；产量 2729.0 万吨，比上年增加 102.0 万吨，增幅 3.9%；单产每公顷 5745.0 公斤，比上年减少 157.1 公斤，减幅 2.7%。

3. 秋粮面积、产量略增

2020 年秋粮播种面积 8584.5 万公顷，比上年增加 58.6 万公顷，增幅 0.7%；产量 49934.0 万吨，比上年增加 337.0 万吨，增幅 0.7%；单产每公顷 5817.3 公斤，比上年增加

0.1 公斤，基本持平。

（二）主要粮食品种产量“三增一平”

1. 稻谷面积、产量均略增

2020 年稻谷播种面积 3007.6 万公顷，比上年增加 38.2 万公顷，增幅 1.3%；产量 21186.0 万吨，比上年增加 225.0 万吨，增幅 1.1%；单产每公顷 7044.0 公斤，比上年减少 15.0 公斤，减幅 0.2%。

2. 小麦面积略减、产量略增

2020 年小麦播种面积 2338.0 万公顷，比上年减少 34.8 万公顷，减幅 1.5%；产量 13425.0 万吨，比上年增加 66.0 万吨，增幅 0.5%；单产每公顷 5742.5 公斤，比上年增加 112.5 公斤，增幅 2.0%。

3. 大豆面积、产量均继续增加

2020 年大豆播种面积 988.4 万公顷，比上年增加 55.0 万公顷，增幅 5.9%；产量 1960.0 万吨，比上年增加 150.0 万吨，增幅 8.3%；单产每公顷 1984.1 公斤，比上年增加 45.0 公斤，增幅 2.3%。全国大豆产量和单产水平均创历史新高。

4. 玉米面积、产量基本持平

2020 年玉米播种面积 4126.4 万公顷，比上年减少 2.0 万公顷，基本持平；产量 26067.0 万吨，比上年减少 10.0 万吨，基本持平；单产每公顷 6315.0 公斤，比上年减少 1.0 公斤，基本持平。

撰稿单位：农业农村部种植业管理司
撰稿人：刘武、刘效谦
审稿人：陈友权

三　粮食生产地区布局

（一）从南北区域看

北方 15 省（区、市）：2020 年，北京、天津、河北、山西、内蒙古、辽宁、吉林、黑龙江、山东、河南、陕西、甘肃、青海、宁夏、新疆等 15 省（区、市）粮食播种面积 6825.7 万公顷，比上年增加 18.7 万公顷，增幅 0.3%；产量 39647.5 万吨，比上年增加 378.5 万吨，增幅 1.0%，该区域粮食产量占全国粮食总产的 59.2%。

南方 16 省（区、市）：2020 年，上海、江苏、浙江、安徽、福建、江西、湖北、湖南、广东、广西、海南、重庆、四川、贵州、云南、西藏等 16 省（区、市）粮食播种面积 4851.0 万公顷，比上年增加 51.8 万公顷，增幅 1.1%；产量 27302.5 万吨，比上年增加 186.5 万吨，增幅 0.7%，该区域粮食产量占全国粮食总产的 40.8%。

（二）从东西区域看

东部10省（市）：2020年，北京、天津、河北、上海、江苏、浙江、福建、山东、广东、海南等10省（市）粮食播种面积2489.3万公顷，比上年减少0.6万公顷，基本持平；产量15843.0万吨，比上年增加221.0万吨，增幅1.4%，该区域粮食产量占全国粮食总产的23.7%。

中部6省：2020年，山西、安徽、江西、河南、湖北、湖南等6省粮食播种面积3433.1万公顷，比上年增加29.3万公顷，增幅0.9%；产量20176.0万吨，比上年增加208.0万吨，增幅1.0%，该区域粮食产量占全国粮食总产的30.1%。

西部12省（区、市）：2020年，内蒙古、广西、重庆、四川、贵州、云南、西藏、陕西、甘肃、青海、宁夏、新疆等12省（区、市）粮食播种面积3389.7万公顷，比上年增加24.4万公顷，增幅0.7%；产量17248.0万吨，比上年增加264.0万吨，增幅1.6%，该区域粮食产量占全国粮食总产的25.8%。

东北3省：2020年，辽宁、吉林、黑龙江等3省粮食播种面积2364.7万公顷，比上年增加17.5万公顷，增幅0.7%；产量13683.0万吨，比上年减少128.0万吨，减幅0.9%，该区域粮食产量占全国粮食总产量的20.4%。

（三）从生态区域看

东北4省（区）：2020年，内蒙古、辽宁、吉林、黑龙江等4省（区）粮食播种面积3048.1万公顷，比上年增加18.1万公顷，增幅0.6%；产量17347.0万吨，比上年减少117.0万吨，减幅0.7%，该区域粮食产量占全国粮食总产的25.9%。

西北6省（区）：2020年，山西、陕西、甘肃、青海、宁夏、新疆等6省（区）粮食播种面积1196.9万公顷，比上年增加10.2万公顷，增幅0.9%；产量5973万吨，比上年增加211.0万吨，增幅3.7%，该区域粮食产量占全国粮食总产的8.9%。

黄淮海7省（市）：2020年，北京、天津、河北、江苏、安徽、山东、河南等7省（市）粮食播种面积3850.3万公顷，比上年减少6.8万公顷，减幅0.2%；产量24075.5万吨，比上年增加272.5万吨，增幅1.1%，该区域粮食产量占全国粮食总产的36.0%。

长江中下游5省（市）：2020年，上海、浙江、江西、湖北、湖南等5省（市）粮食播种面积1428.0万公顷，比上年增加29.6万公顷，增幅2.1%；产量8603.5万吨，比上年增加58.5万吨，增幅0.7%，该区域粮食产量占全国粮食总产的12.9%。

华南4省（区）：2020年，福建、广东、广西、海南等4省（区）粮食播种面积611.6万公顷，比上年增加11.3万公顷，增幅1.9%；产量3285.5万吨，比上年增加73.5万吨，增幅2.3%，该区域粮食产量占全国粮食总产的4.9%。

西南5省（区、市）：2020年，重庆、四川、贵州、云南、西藏等5省（区、市）粮食播种面积1541.9万公顷，比上年增加8.2万公顷，增幅0.5%；产量7665.5万吨，比上年增加66.5万吨，增幅0.9%，该区域粮食产量占全国粮食总产的11.4%。

（四）从产销区域看

主产区13省（区）：2020年，河北、内蒙古、辽宁、吉林、黑龙江、江苏、安徽、江西、山东、河南、湖北、湖南、四川等13省（区）粮食播种面积8807.0万公顷，比上年增加41.6万公顷，增幅0.5%；产量52598.0万吨，比上年增加228.0万吨，增幅0.4%，该区域粮食产量占全国粮食总产的78.6%。

主销区7省（市）：2020年，北京、天津、上海、浙江、福建、广东、海南等7省（市）粮食播种面积481.7万公顷，比上年增加8.1万公顷，增幅1.7%；产量2871.0万吨，比上年增加51.0万吨，增幅1.8%，该区域粮食产量占全国粮食总产的4.3%。

产销平衡区11省（区、市）：2020年，山西、广西、重庆、贵州、云南、西藏、陕西、甘肃、青海、宁夏、新疆等11省（区、市）粮食播种面积2388.1万公顷，比上年增加20.9万公顷，增幅0.9%；产量11481.0万吨，比上年增加286.0万吨，增幅2.6%，该区域粮食产量占全国粮食总产的17.1%。

撰稿单位：农业农村部种植业管理司

撰稿人：陈明全、张振

审稿人：陈友权

四 主要粮食品种生产成本分析

（一）2020年粮食成本收益情况

全国价格主管部门成本调查机构的调查显示，与上年相比，2020年我国三种粮食平均（稻谷、小麦和玉米平均，下同）单产减少，成本增加，价格上涨，收益增加。具体情况如下：

1. 单产减少

2020年我国粮食主产区单产整体减少。其中，早籼稻、中籼稻、晚籼稻和小麦，由于主产区遭遇干旱、阴雨或台风等不利天气，单产减少。粳稻单产略有增加，玉米单产与上年基本持平。三种粮食平均亩产466.88公斤，减产15.42公斤，减幅3.2%。其中，稻谷（早籼稻、中籼稻、晚籼稻和粳稻平均，下同）、小麦和玉米分别为467.80公斤、430.35公斤和502.49公斤，分别减产21.72公斤、23.13公斤和1.41公斤，减幅分别为4.44%、5.1%和0.28%。

2. 成本增加

2020年三种粮食平均生产总成本和现金成本均有所增加。其中，每亩总成本1120.31元，增加26.53元，增幅2.37%；每亩现金成本553.16元，增加15.69元，增幅2.84%，自2004年以来连续第十七年上升。主要成本项目变动情况：（1）种子费增加，亩均65.19元，增加1.16元，增幅1.81%，主要原因是种子

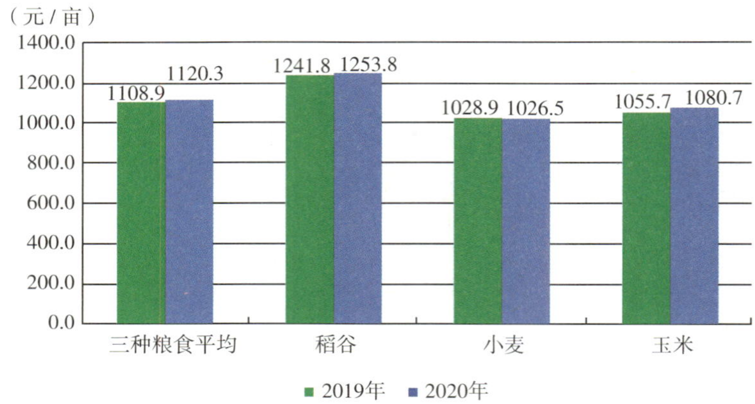

图 1-1　2019 年和 2020 年三种粮食每亩总成本变化

价格上涨，用量增多；(2) 化肥费略减，亩均 143.58 元，减少 0.50 元，减幅 0.35%；(3) 机械作业费增加，亩均 154.03 元，增加 3.01 元，增幅 1.99%，主要原因是机械化率提高；(4) 人工成本略增，亩均 413.74 元，增加 0.34 元，增幅 0.08%，主要原因是劳动力价格上涨；(5) 土地成本增加，亩均 238.84 元，增加 5.59 元，增幅 2.4%，主要原因是土地流转价格上涨。

3. 价格上涨

三种粮食平均农户出售价格每 50 公斤 122.49 元，上涨 13.05 元，涨幅 11.92%。其中，稻谷、小麦、玉米分别为 137.54 元、114.18 元和 115.59 元，分别上涨 10.31 元、1.96 元和 25.96 元，涨幅分别为 8.1%、1.72% 和 28.96%。

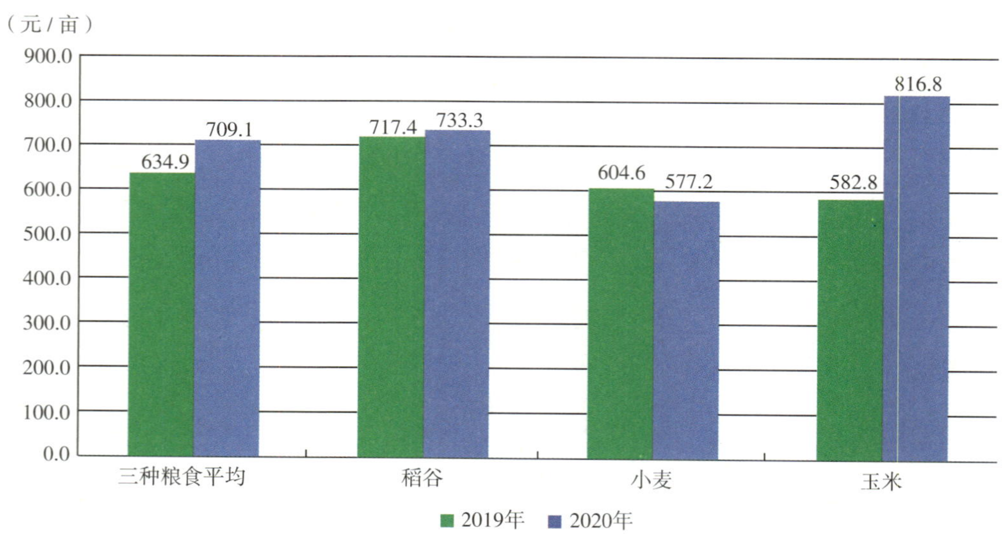

图 1-2　2019 年和 2020 年三种粮食每亩实际收益变化

表 1-1　2019 年和 2020 年粮食成本收益比较（一）

单位：元

品种	每亩总成本		每亩净利润		每 50 公斤总成本		每 50 公斤平均出售价格	
	2019 年	2020 年	2019 年	2020 年	2019 年	2020 年	2019 年	2020 年
三种粮食平均	1108.9	1120.3	-30.5	46.5	112.5	117.6	109.4	122.5
稻谷	1241.8	1253.8	20.4	48.7	125.2	132.4	127.2	137.5
早籼稻	1125.8	1143.8	-138.9	-153.9	137.3	145.0	120.4	125.5
中籼稻	1229.4	1222.2	138.7	209.9	111.7	114.0	124.3	133.6
晚籼稻	1198.1	1200.3	43.4	10.1	128.8	147.8	133.5	149.0
粳稻	1415.2	1447.7	37.1	130.1	126.6	129.8	129.9	141.5
小麦	1028.9	1026.5	15.1	-16.6	110.6	116.1	112.3	114.2
玉米	1055.7	1080.7	-126.8	107.2	101.9	105.2	89.6	115.6

表 1-2　2019 年和 2020 年粮食成本收益比较（二）

单位：元

品种	每亩现金成本		每亩实际收益（含补贴收入）		每 50 公斤现金成本	
	2019 年	2020 年	2019 年	2020 年	2019 年	2020 年
三种粮食平均	537.5	553.2	634.9	709.1	54.6	58.1
稻谷	651.6	680.8	717.4	733.3	65.7	71.9
早籼稻	582.7	601.5	487.8	483.4	71.1	76.3
中籼稻	589.9	598.1	872.3	934.0	53.6	55.8
晚籼稻	672.8	676.3	650.4	622.5	72.3	83.3
粳稻	761.0	847.3	859.2	893.5	68.1	76.0
小麦	518.7	516.2	604.6	577.2	55.8	58.4
玉米	442.1	462.5	582.8	816.8	42.7	45.0

4. 实际收益增加

从现金收益（不考虑家庭用工和自有土地机会成本）看，三种粮食平均每亩 613.63 元，增加 72.74 元，增幅 13.45%。如果考虑对农业的补贴，每亩实际收益（现金收益加补贴收入）709.08 元，增加 74.15 元，增幅 11.68%。其中，稻谷、小麦和玉米亩均实际收益分别为 733.31 元、577.18 元和 816.76 元，小麦减少 27.42 元，减幅为 4.54%；稻谷和玉米分别增加 15.92 元和 233.96 元，增幅分别为 2.22%和 40.14%。从净利润看，2020 年三种粮食平均由亏转盈，每亩净利润 46.48 元，增加 77.01 元。

（二）2020 年粮食和主要经济作物效益比较

2020 年我国粮食、棉花、油料、烤烟等主要农产品生产成本、价格和单产均出现分化，影响主要农产品生产效益变化。具体来看，油料、棉花、大豆生产效益增加，桑蚕茧等农产品生产效益有所下滑。

从 2020 年亩均实际收益水平看，粮食低于烤烟和棉花，高于油菜籽。2020 年粮食亩均实际收益 1249.9 元（按一年两季粮食作物计算，北方地区一亩小麦和一亩玉米的实际收益合计为 1393.9 元，南方地区一亩早籼稻和一亩晚籼稻实际收益合计为 1105.9 元，平均每亩粮食实际收益为 1249.9 元），比烤烟少 1174.4 元，差距比上年缩小 132.1 元；比棉花多 316.4 元，优势比上年减少 301.1 元；比油菜籽多 701.7 元，优势比上年增加 35.1 元。

从 2020 年比较效益看，粮食相对棉花、油菜籽和烤烟收益上升。三种粮食平均与棉花的实际收益比（以棉花为 1）从上年的 1.16 下降到 0.76；与油菜籽和烤烟的实际收益比（分别以油菜籽和烤烟为 1）分别从上年的 1.28 和 0.26 上升到 1.29 和 0.29。

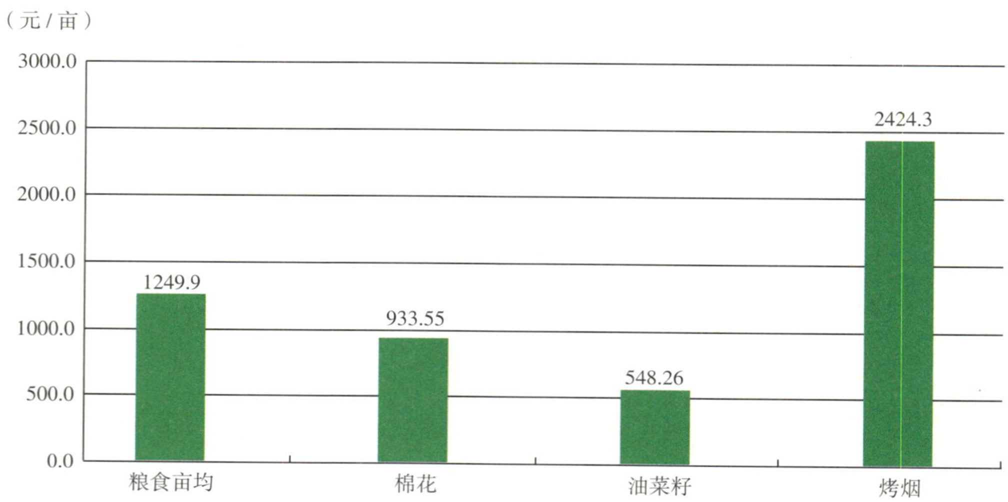

图 1-3　2020 年粮食和主要经济作物效益比较

撰稿单位：国家发展和改革委员会价格司
撰稿人：李军岩
审稿人：程行云

五　粮食生产能力建设

（一）加强耕地资源保护

2018 年起，按照国务院印发的《关于建立粮食生产功能区和重要农产品生产保护区的指导意见》要求，有关部门研究制定了“两区”划定标准规范，明确重点品种、划定标准、操作流程，细化落实划定任务，强化划定督导检查，全国已经按时完成了10.58亿亩“两区”划定任务。2020年，国务院办公厅先后印发《关于坚决制止耕地“非农化”行为的通知》《关于防止耕地“非粮化”稳定粮食生产的意见》等政策文件，针对在永久基本农田上种树挖塘、违规占用耕地超标建设绿化带等问题，要求落实最严格的耕地保护制度，强化监督管理，坚决制止耕地“非农化”、防止“非粮化”，守住耕地红线，保障国家粮食安全。按照《东北黑土地保护性耕作行动计划（2020—2025年）》要求，以东北地区玉米生产作为保护性耕作推广应用的重点，兼顾大豆、小麦等作物生产，通过重点推广秸秆覆盖还田免耕和秸秆覆盖还田少耕等保护性耕作技术，提高耕地质量。2020年中央财政安排16亿元，支持实施保护性耕作面积4000万亩。

（二）继续加强农田水利等基础设施建设

各地区、各有关部门继续深入实施藏粮于地、藏粮于技战略，努力克服新冠肺炎疫情等不利因素影响，不断强化高标准农田等农田水利基础设施建设，确保到2020年底建成8亿亩高标准农田。安排中央财政资金700亿元左右，中央预算内投资165亿元，统筹推进高标准农田建设，新建和完善灌排沟渠、桥涵闸等灌排渠系工程、集蓄水设施、机井维修配套、土地平整以及机耕道等田间工程设施。2020年建成集中连片、旱涝保收、稳产高产、生态友好的高标准农田8391万亩，项目区粮食平均产能提高10%以上，亩均粮食产量增加100公斤左右。安排中央预算内投资约130亿元，用于大型灌区续建配套与节水改造、新建大型灌区工程等项目建设，保障农业灌排用水需要，提高灌排保障能力和农业用水效率。积极探索高标准农田建设资金筹措方式，通过发行高标准农田专项债等加大对高标准农田建设的投资力度。提高土地出让收益用于高标准农田建设的比例，支持产粮大县开展高标准农田建设新增耕地指标跨省域调剂使用，调剂收益按规定用于建设高标准农田。引导社会资本投入，探索多元投入模式。加强高标准农田建后监管，依托国家土地监管平台，对不同渠道投资建设的高标准农田统一上图入库，形成全国“一张图”，实现精准管理、动态监管。2020年，对9万多个高标准农田建设项目的数量、质量、空间位置和利用情况进行核实，完善1000多万个地块数据，摸清了自2011年以来已建成的高标准农田家底。

（三）发挥农业科技支撑作用

2020年，安排中央预算内投资10亿元支持现代种业提升工程建设，加强农作物种质资源开发利用、品种改良中心、良种繁育基地、区域试验站等公益性、基础性设施建设，促进现代农作物种业的发展。推广旱作节水农业，提高水肥利用效率，提升旱区农业综合生产能力和资源利用效率。实施植物保护能力提升工程，加强粮食生产病虫害防控。大力推进农业机械化，全国主要农作物耕种收综合机械化水平达到71%，小麦、水稻、玉米耕种收综合机械化率分别超过95%、85%、90%，全国农业科技进步贡献率超过 60%。

（四）促进农业绿色生产

在全国开展农作物秸秆综合利用试点，打造一批全量利用样板县。加快地膜回收利用，在内蒙古、甘肃和新疆支持 100 个县整县推进废旧地膜回收利用，探索实施“谁生产、谁回收”的地膜生产者责任延伸制度。持续推进化肥、农药减量增效，全国主要农作物化肥、农药使用量实现负增长，化肥、农药利用率均达到 40%以上。继续开展农业面源污染治理、东北黑土地保护、地下水超采治理、耕地重金属污染治理等，改善农业生态环境，促进农业可持续发展。

撰稿单位：国家发展和改革委员会农村经济司

撰稿人：陈曦

审稿人：吴晓

第二部分

粮食市场供求与价格

一　粮食市场总体概述

2020年新冠肺炎疫情全球蔓延，国际粮食贸易和供应链受到冲击，叠加市场预期和流动性充裕，国际粮价出现上涨。国家上调小麦和稻谷最低收购价，保护农民种粮积极性。国内粮食库存充裕，总体供求宽松，但品种供求结构性矛盾突出，稻谷总体供大于求，小麦产需基本平衡，玉米产不足需，大豆进口外采度进一步提高。我国主要粮食品种价格出现了不同程度上涨，在国家有关部门保供稳市各项措施作用下，价格涨幅总体可控。2020年12月底，早籼稻收购价格同比上涨10%，南方地区粳稻价格上涨20%，北方地区粳稻价格与上年同期基本持平，小麦价格上涨约3%。大豆、玉米价格创历史新高，同比涨幅50%以上。

2020年我国口粮完全自给，谷物自给率保持在95%以上。国内外粮食价差仍维持较高水平，粮食进口大幅增加。2020年我国进口粮食（含大豆）14262万吨，同比增长28%，创历史新高，其中大豆进口首次突破1亿吨。

撰稿单位：国家粮油信息中心

撰稿人：齐驰名

审稿人：周冠华、刘冬竹、李喜贵

二　小麦市场供求与价格

（一）小麦市场供给和需求情况

1. 小麦产需形势逆转

2020年主产区冬小麦种植面积稳中略减，其中华北地区由于地下水超采区休耕、退耕还林和还草面积增加，小麦播种面积减幅较大，单产稳中略增，总产小幅增加。考虑到新冠肺炎疫情对餐饮业的影响明显减弱，玉米价格高位运行，小麦用作饲用和工业消费数量有所增加。预计2020/2021年度国内小麦消费总量14727万吨，比上年度增加2559万吨，出现了产需缺口。其中，食用消费9180万吨，比上年度增加80万吨；饲料消费和损耗3800万吨，比上年度增加2250万吨；工业消费1150万吨，比上年度增加230万吨。

2. 小麦进口量增幅明显

据海关总署统计，2020年我国进口小麦838万吨，较上年增幅140.2%，为1996年以来的高点。主要原因：一是我国认真履行中美第一阶段经贸协议，加大对美国农产品的采购力度。二是随着人民生活水平提高，中高端专用面粉需求继续上升。三是与往年进口小麦多为优质强筋和弱筋小麦情况不同，2020 年我国进口了一定数量的中筋小麦。四是国内玉米价格大幅上涨，饲料企业从性价比考虑，大量采购小麦替代玉米。预计 2020/2021 年度我国小麦进口 1000 万吨，同比增加 583 万吨。

（二）小麦市场价格走势及成因

1. 第一阶段（2020 年 1 月至 4 月底）：小麦价格稳中上行

2020 年春节前后，受新冠肺炎疫情影响，部分消费者选择提前购买面粉存放家中，面粉企业订单明显多于往年同期，小麦库存下降较快。加之部分地区物流运输受阻，面粉企业补库缓慢。

2 月底，华北地区普通小麦平均收购价格 2412 元 / 吨，比年初上涨 30 元 / 吨。有关部门及时采取应急保供措施，小麦价格涨幅有限。3 月份，受新冠肺炎疫情叠加面粉销售淡季影响，面粉销量低于往年同期，面粉企业库存消化速度较慢，整体开工率不高，抑制了小麦采购需求。同时政策性粮源供应充裕，小麦价格基本保持稳定。

从 4 月初开始，新冠肺炎疫情得到有效控制，面粉需求恢复，同时受亚洲部分大米出口国限制出口消息影响，部分地区消费者一度出现多购、抢购面粉的情况，面粉企业开机率回升。面粉企业收购价格大多与政策性小麦到厂成本持平，贸易商利润空间有限，部分面粉加工企业为吸引粮源小幅提高收购价格。4 月底华北地区普通小麦平均收购价格 2436 元 / 吨，月环比上涨 26 元 / 吨。

2. 第二阶段（2020 年 5 月至 8 月初）：新小麦价格高开高走

5 月中下旬，新小麦自南向北开始大范围收获。受新冠肺炎疫情影响，加之局部地区减产，农户存粮自用心理和看涨心态并存，售粮意愿不强，新小麦收购进度慢于上年同期。同时大部分贸易商入市收购积极性高。在需求方面，受储备轮换架空期制约，各级储备库 6 月至 7 月提高收购价格掌握粮源；面粉企业为保证加工需要，也跟随储备企业上调新小麦收购价格。国家有关部门批复同意湖北省自 6 月 9 日起、安徽省自 6 月 10 日起、江苏省自 6 月 12 日起启动 2020 年小麦最低收购价执行预案，对小麦价格形成支撑，有利于保护农民种粮积极性。8 月初，华北地区普通小麦平均收购价格 2415 元 / 吨，比上市初期上涨 102 元 / 吨。

3. 第三阶段（2020 年 8 月上旬至 9 月底）：小麦价格基本稳定

8 月上旬开始，各地储备库轮入任务基本完成，同时河南省部分地区停止小麦托市收购，加工企业对收购的小麦节奏有所放缓。自 8 月 19 日开始，政策性小麦每周投放量增至 200 万吨，有效发挥保供稳价作用。随着华北地区新玉米上市时间的临近，部分贸易商预期收购新玉米的利润空间更大，因此开始腾仓出售小麦，小麦价格趋于稳定。

4. 第四阶段（2020 年 10 月至年底）：小麦价格上涨

夏粮旺季收购结束后，部分贸易商看涨后市小麦价格，惜售心理较重，玉米价格持续走高，部分饲料企业增加小麦采购量。由于新小麦品质较好，部分面粉企业提高小麦收购价格来吸引货源。10月底华北地区普通小麦平均收购价格2477元/吨，月环比上涨55元/吨。11月至年底，随着面粉企业购买的政策性小麦陆续到货，库存有所增加，小麦价格较上市初期上涨120—200元/吨，价格符合部分贸易商心理预期，贸易商出货比较积极，小麦价格走势总体平稳。

撰稿单位：国家粮油信息中心

撰稿人：张志恒

审稿人：周冠华、刘冬竹、李喜贵

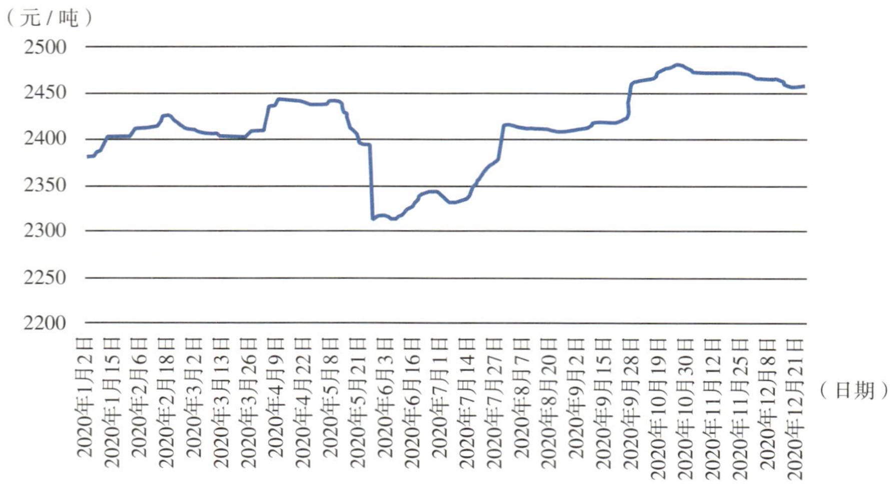

图 2-1　2020 年华北地区小麦平均进厂价

三　稻谷市场供求与价格

（一）稻谷市场供给和需求

1. 稻谷继续保持产大于需

2020年，早稻生长后期南方洪涝灾害严重，多地降雨量超历史极值，低温寡照、暴雨和洪水淹涝导致早稻田块出现不同程度的倒伏，灌浆不足，安徽、江西、湖北、湖南等地受灾严重，成灾面积和绝收面积较多，早稻单产下降。但由于早稻种植面积增加，加上中晚稻产量增加，稻谷总产量继续保持增长态势。全年稻谷总消费19480万吨，比上年度增加250万吨，增幅1.3%。其中食用消费15800万吨，比上年度减少50万吨，减幅0.32%；

饲料消费和损耗 1550 万吨，比上年度增加 50 万吨，增幅 3.3%；工业消费 2000 万吨，比上年度增加 250 万吨，增幅 14.3%，稻谷市场仍维持产大于需格局；预计 2019/2020 年度全国稻谷结余量 1488 万吨，较上年度减少 451 万吨。

2. 大米进口增加出口减少

2020 年我国进口大米 294 万吨，同比增加 39 万吨，增幅 15.3%。随着稻谷去库存持续推进，2019 年我国大米出口量达到 2004 年以来的最高水平。2020 年我国出口大米 230 万吨，同比减少 44.8 万吨，减幅 16.3%。

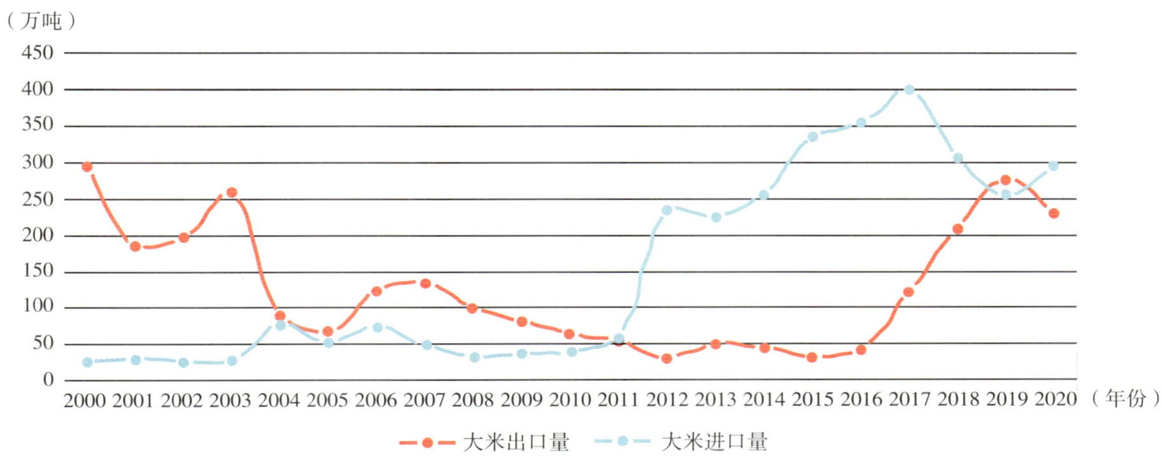

图 2-2　2000—2020 年中国大米进口和出口量

（二）2020 年稻米市场价格走势及成因

1. 籼稻价格高开高走

2020 年，天气原因导致早稻质量下降，符合收购质量标准的粮源减少，烘干晾晒成本上升，收购成本增加。收购期间，市场主体竞相抬价收购，收购市场较为活跃，小型烘干企业集中收购湿稻；中储粮直属企业和地方储备库提前开展储备轮换；销区企业省外采购热情高，早籼稻价格高开高走。主产区早籼稻开秤价在 2350—2420 元 / 吨，同比上涨 40—100 元 / 吨。

中晚籼稻上市后，收购价格比上年高开 140—220 元 / 吨。主要原因是，符合收购质量标准的粮源减少，储备轮换和地方增储有刚性需求，跨省采购需求增加，市场主体看好后市，贸易商持粮待涨。11 月份，国家重启政策性中晚籼稻拍卖，托市粮源持续投放缓解了加工企业用粮紧张情绪，弱化了持粮主体的惜售心理，市场供应量增加，中晚籼稻价格出现回落。12 月底，主产区中晚籼稻市场收购价在 2800—2840 元 / 吨，同比上涨 300 元 / 吨。

2. 粳稻价格南北分化

南方新季粳稻 9 月份集中上市后，价格同比高开 300—400 元 / 吨。农户、烘干厂、经纪人等中间环节持粮待涨。12 月份，南方地方储备轮入采购加速，储备企业与加工企业争抢粮源，导致价格继续上涨，12 月底，普通粳稻市场收购价在 3000—3100 元 / 吨，同比上涨 600 元 / 吨。东北新季粳稻 11 月份集中上市，黑龙江圆粒粳稻开秤价 2600—2640 元 / 吨，同比基本持平，收购期间价格小幅波动。2020 年因南方粳稻涨幅较大，南方企业到东北采购原粮的积极性高，东北粳稻南下数量增加。

3. 大米价格出现上涨

12 月底，南方普通中晚籼米出厂价 4100—4300 元 / 吨，同比上涨 200—400 元 / 吨；黑龙江普通圆粒粳米出厂报价 3800—3900 元 / 吨，同比持平；长粒粳米出厂报价 4300—4500 元 / 吨，同比下降 100—200 元 / 吨；江苏普通粳米主流报价 3950—4000 元 / 吨，同比上涨 400—600 元 / 吨。南北粳米价差缩小 500 元 / 吨。

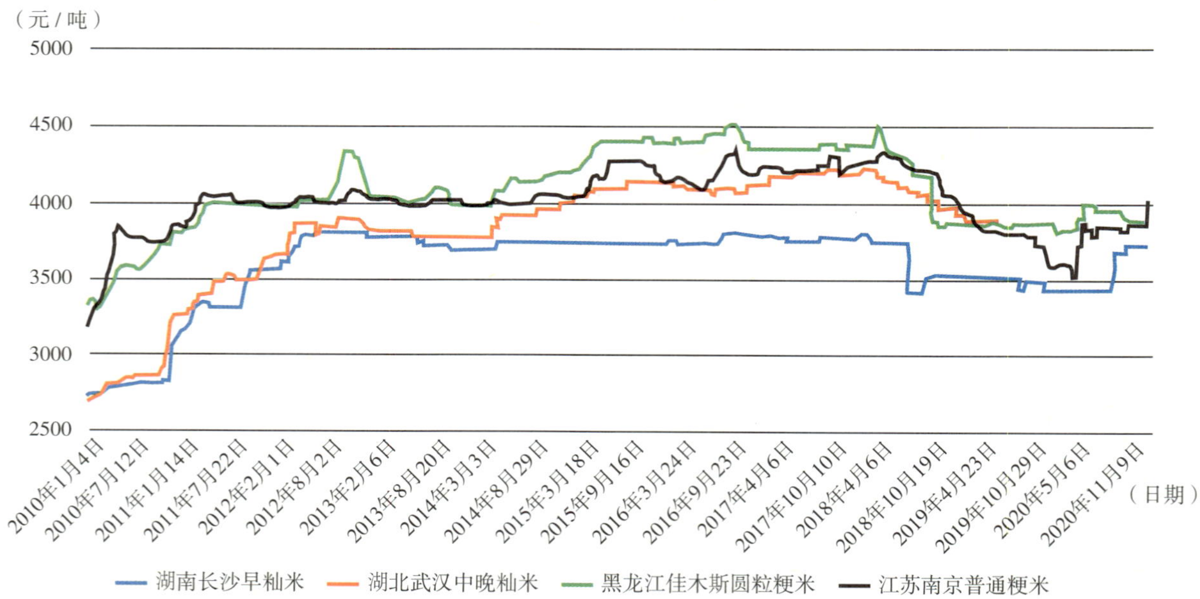

图 2-3　2010—2020 年中国主产区大米出厂价

4. 国内外大米价差缩小

2020 年 12 月底泰国 5%破碎率大米 FOB 报价为 529 美元 / 吨，同比上涨 84 美元 / 吨，涨幅 18.9%；越南 5%破碎率大米 FOB 报价为 500 美元 / 吨，同比上涨 138 美元 / 吨，涨幅 38.1%。亚洲大米出口价格上涨的主要原因：2020 年泰国中部、北部和东北产区 14 个省都出现干旱天气，水库蓄水量下降，政府限制灌溉用水，影响了稻米产量；越南等国家在疫情期间限制出口；一些国家大米储备需求增加，加之市场投机炒作影响。据国家粮油信息中心监测，12 月底，越南 5%破碎率大米进口到港完税价 3796 元 / 吨，广东港口早籼米价格 3880 元 / 吨，国内外价差 84 元 / 吨，同比缩小 694 元 / 吨。

撰稿单位：国家粮油信息中心
撰稿人：刘石磊
审稿人：周冠华、刘冬竹、李喜贵

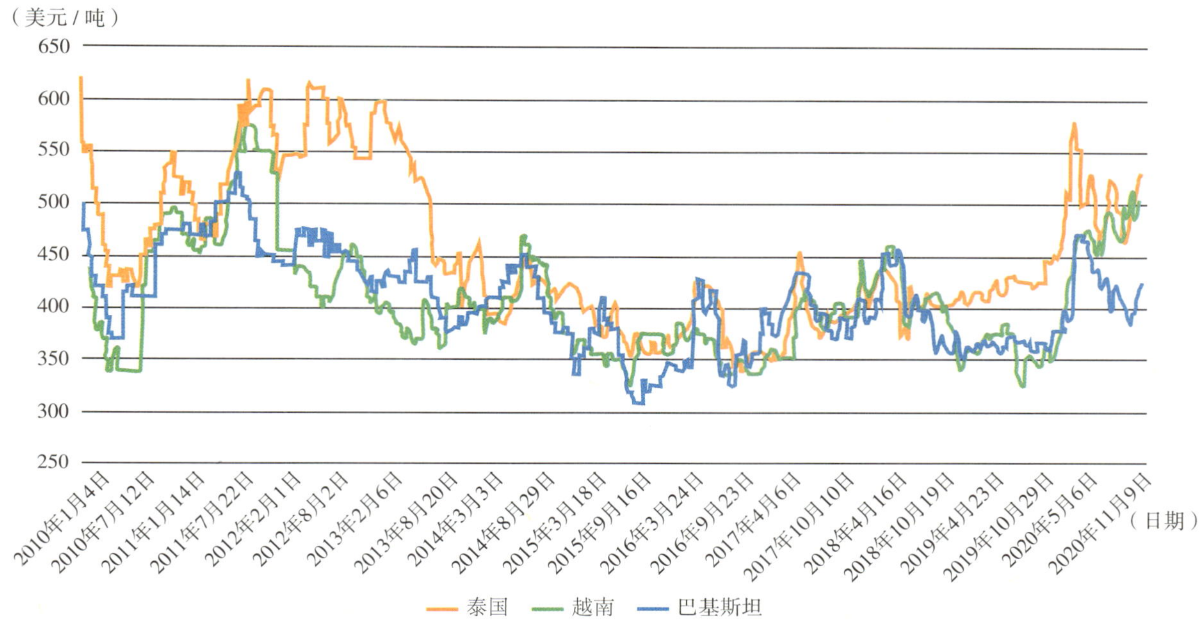

图 2-4　2010—2020 年世界主要大米出口国价格

四　玉米市场供求与价格

（一）玉米供给和需求状况

1. 玉米产需缺口缩小

2020 年国家继续巩固“镰刀弯”地区种植结构调整成果，防止非优势区玉米面积大幅反弹，进一步提升优势玉米产区产能，全国玉米种植面积和产量基本稳定。国家粮油信息中心测算，2020 年国内玉米年度总消费 29404 万吨，同比减少 390 万吨，减幅 1.3%。其中玉米饲料消费和损耗 19400 万吨，同比减少 400 万吨，减幅 2.0%。主要原因是，生猪价格大幅上涨，养殖企业补栏积极性高，生猪产能持续回升。国家统计局数据显示，2020 年末，全国生猪存栏 40650 万头，比上年末增加 9610 万头，同比增长 31%，已恢复到 2017 年末的 92.1%。全国猪牛羊禽肉产量 7639 万吨，比上年略减 10 万吨，下降 0.1%。猪肉产量略降，牛羊肉、禽肉、禽蛋和牛奶产量不同程度增加引起2020年能量饲料需求稳中有升。但受玉米价格大幅上涨带动小麦、高粱和大麦等替代谷物用量高于上年度，玉米饲料消费结构性下降。由于淀粉类行业开工率有所下降，消毒酒精需求有所回升，考虑玉米深加工产能继续增长因素，玉米工业消费保持稳定。据测算，2020年玉米工业消费8000万吨，与上年持平。

2. 玉米进口大幅增加

2020年2月18日，财政部公告将开展对美加征关税商品市场化采购排除工作，此后进口商采购美国农产品积极性高。同时为履行中美第一阶段贸易协议，我国进口美国玉米、高粱数量明显增加。据海关统计，2020年我国进口玉米1129万吨，同比增加135.8%。玉米进口首次突破720万吨的进口关税配额。其中从乌克兰、美国进口玉米分别为630万吨、434万吨，占比55.8%、38.5%。2020年国内玉米价格明显高于国际市场，玉米出口较少，全年出口0.17万吨，同比减少2.4万吨，减幅93.4%。

（二）玉米市场价格走势

2020年国内玉米价格大幅上涨。2020年底，黑龙江绥化深加工企业三等玉米收购价2460—2500元/吨，吉林四平收购价2570元/吨，北方港口二等玉米平仓价2670—2690元/吨，东北三省一区玉米价格同比上涨830—900元/吨，涨幅45%—50%。山东潍坊深加工企业二等玉米收购价2620—2630元/吨，河南鹤壁收购价2530—2550元/吨，河北石家庄收购价2580元/吨，华北黄淮地区玉米价格同比上涨650—730元/吨，涨幅35%—40%。

1. 第一阶段（2020年1月至5月中旬）：玉米价格持续上涨

2020年1月，受主产区雨雪天气影响到货以及节前企业加紧备货的影响，国内玉米价格小幅上涨。1月下旬后，随着新冠肺炎疫情的扩散，各地采取严厉防控措施，物流运输不畅，2月初用粮企业收购价格出现明显上涨，此后政策性玉米定向投放市场，以及中储粮提前轮出部分储备玉米，玉米市场预期稳定。2月下旬后，东北贸易商和用粮企业集中补库，中储粮和地方储备企业抓紧轮入玉米，农户余粮迅速减少，叠加高速公路免费等政策性因素对产地玉米价格的利多影响，东北玉米价格持续上涨。华北地区受短期内高水分玉米价格集中上市影响，价格上涨延迟到3月下旬以后。此轮上涨一直延续至5月上旬临储玉米拍卖前，临储玉米开拍后，稳定了价格上涨预期，同时为收购新麦腾仓，贸易商出货量增加。

2. 第二阶段（2020年5月底至8月中旬）：玉米价格冲高回落

5月底，临储玉米竞价销售启动后，市场主体积极参与竞买，每批次玉米几乎全部成交，成交溢价还持续上涨，对现货价格形成较强支撑。现货价格走高，贸易商竞价和囤粮积极性很高，临储玉米库存持续下降，又进一步推高贸易商的投机热情。7月末，临储玉米竞价交易规则调整，玉米市场投机热情减弱，叠加临储玉米出库量增加、饲料企业使用部分小麦替代玉米、深加工行业消费处于淡季、黄淮海地区春玉米上市，以及进口玉米及替代品大量到货等多种因素影响，国内玉米价格在8月高位回落。

3. 第三阶段（2020年8月末至年底）：玉米价格继续上涨

8月末至9月初，东北产区接连遭遇三场台风，造成部分地区作物大面积倒伏及产量受损预期，加之期货市场资金炒作，国内玉米价格开始新一轮上涨。11月后，东北新玉米上市，玉米市场也没有出现季节性供应压力，而是在玉米减产预期及市场主体争抢粮源的情况下，玉米市场价格持续上涨。

撰稿单位：国家粮油信息中心

撰稿人：谌琴

审稿人：周冠华、刘冬竹、李喜贵

五　大豆市场供求与价格

（一）大豆市场供给和需求

1. 大豆产需仍存在较大缺口

2020年国家继续实施大豆振兴计划，黑龙江等主产区大豆生产者补贴标准明显高于玉米。国产大豆价格涨幅超过50%，农户种植收益增加，玉米改种大豆的现象较为普遍，大豆播种面积连续第5年增加，产量创历史新高。2020年，随着非洲猪瘟疫情常态化防控措施的到位，养殖户（场）特别是规模户生物安全防护水平的提升，加上生猪养殖利润丰厚，各养殖主体积极复养，生猪生产持续恢复，养殖利润维持高位，加上禽蛋禽肉产量增长，有力拉动了饲料消费需求，促进豆粕消费增加。预计全年全国豆粕饲用消费7580万吨，同比增加600万吨，增幅8.6%。

2. 大豆进口量突破1亿吨

2020年1月，中美两国达成第一阶段经贸协议，中美大豆贸易恢复正常，加上国内生猪和畜禽养殖存栏维持高位，饲料中豆粕添加比例提高，带动大豆进口大幅增加。据海关统计，2020年我国进口大豆10033万吨，比上年的8858万吨增加1174万吨，增幅13.3%。其中从美国进口大豆2589万吨，同比增长52.2%，占进口总量的25.8%；从巴西进口6428万吨，同比增长11.4%，占比64.1%；从阿根廷进口746万吨，同比减少15.2%，占比7.4%。

（二）2020年大豆市场价格走势及成因

1. 国际大豆价格先跌后涨

第一阶段（2020年1月至5月）：美国大豆期货价格震荡下跌

2020年初，由于美国大豆库存较大，且

新季南美大豆增产，市场预期大豆供应压力加大，同时新冠肺炎疫情全球蔓延，世界各国严控人员流动，餐饮、旅游等行业受到较大冲击，市场预期大豆消费需求下滑，价格预期较悲观，美国大豆价格震荡走低。2020 年 5 月，CBOT 大豆期货价格自年初的 950 美分 / 蒲式耳降至 820 美分 / 蒲式耳左右，处于多年来的低位。

第二阶段（2020 年 5 月以后）：国际大豆价格大幅上涨

5—8 月，我国连续 4 个月大豆进口量超过 900 万吨，创历史同期最高纪录，南美大豆供应压力缓解，美国大豆库存快速下滑，市场价格随之上涨。9 月，南美大豆播种期天气干旱，巴西、阿根廷等主产国大豆播种进度缓慢，市场担心新季大豆供应紧张，导致市场价格进一步走高。12 月底，CBOT 大豆价格升至 1310 美分 / 蒲式耳，为 2014 年 6 月以来新高。

2. 国产大豆价格持续上涨

第一阶段（2020 年 1 月至 4 月）：国产大豆延续年前涨势

2020 年初，在贸易商存粮、农户惜售和市场需求较旺的推动下，大豆价格持续走高。2 月，新冠肺炎疫情影响物流运输，南方用豆企业库存较低，纷纷提价收购，进一步推高价格。1—4 月，国产大豆价格从 3450 元 / 吨涨至 4050 元 / 吨，涨幅 17.4%。

第二阶段（2020 年 5 月至 9 月）：国产大豆价格震荡调整

5 月以后，国产大豆价格高企，下游企业采购放缓，中储粮轮换大豆陆续出库，加上黑龙江、吉林等组织省级储备大豆竞价销售，大豆市场供应紧张局面得到缓解，国产大豆价格震荡调整。8 月中旬，黑龙江食用大豆价格升至 4400—4450 元 / 吨的高位，此后由于新季大豆即将上市，大豆收割期间国产大豆价格回落至 4100—4150 元 / 吨。

第三阶段（2020 年 10 月至年底）：国产大豆价格持续走高

10 月，新季大豆陆续上市，由于大豆播种面积增加，且单产明显好于上年，市场预期新季大豆供应充足，下游企业以消耗库存为主，采购积极性不高。但随着新季大豆上市量的增加，大豆增产幅度低于市场预期，且下游库存普遍较低，贸易商在上年度赚钱效应影响下积极入市收购，加上进口大豆成本拉升，国产大豆价格持续走高，12 月底，黑龙江国产大豆价格升至 4700—4750 元 / 吨。

撰稿单位：国家粮油信息中心
撰稿人：王辽卫
审稿人：周冠华、刘冬竹、李喜贵

六　食用油市场供求与价格

（一）食用油市场供给和需求

1. 油料油籽总产量继续增加

2020年，全国油料（不含棉籽和大豆）总产量3585万吨，同比增长2.6%；加上大豆和棉籽油料产量为6608万吨，比上年增加246万吨，增幅3.9%。其中，油菜籽产量1395万吨，同比增长3.5%；花生产量1780万吨，同比增长1.6%。其他小品种油籽均呈增产态势，葵花籽、芝麻和胡麻籽产量分别为255万吨、46万吨和34万吨。全国棉花种植面积317万公顷，比上年的333.9万公顷减少5.1%；单产1.864吨/公顷，创历史最高水平，同比增长5.7%；产量591万吨，同比略增0.4%。国家粮油信息中心测算，2020年全国棉籽总产量1064万吨，比上年增长0.4%。

2. 油籽和食用植物油进口大幅增加

2020年，全国进口食用油籽（含大豆和棉籽）10600万吨，比上年增加13.6%。其中，进口大豆10033万吨，同比增加1182万吨，增幅13.4%；进口油菜籽311万吨，同比增加37万吨，增幅13.5%；进口其他食用油籽256万吨，同比增加50万吨。其中，芝麻102万吨，花生99万吨，亚麻籽37万吨，葵花籽18万吨。进口食用植物油（含棕榈油硬脂）1186万吨，比上年增长2.9%。其中，进口棕榈油646万吨，同比减少109万吨，减幅14.4%；进口豆油96万吨，同比增加14万吨，增幅16.6%；进口菜籽油193万吨，同比增加32万吨，增幅19.6%；进口葵花油195万吨，同比增加72万吨，增幅16.6%。

3. 油脂油料消费需求继续增加

国内大豆进口量大幅增长，豆油产量增加，消费量增长幅度较大。临储菜籽油基本消化完毕，消费量大幅下滑。全球棕榈油产量和贸易量较大，供应较为充足，棕榈油进口来源稳定，国内食用油消费余缺主要依靠棕榈油调节。据国家粮油信息中心测算，2020年全国食用油消费量4071万吨，同比增加93万吨，增幅2.3%。其中食用消费3545万吨，同比增长34万吨，增幅1%；工业消费526万吨，同比增长59万吨，增幅12.6%。分品种看，豆油消费1750万吨，同比增加103万吨，增幅6.3%；菜油750万吨，同比减少100万吨，减幅11.8%；棕榈油683万吨，同比增加13万吨，增幅1.9%，棉油123万吨，同比减少5万吨，减幅3.9%。随着社会经济发展、居民生活水平的提高、人口持续增加和城镇化进程加快，预计2021年全国食用植物油需求将继续增加。

（二）国内食用油价格走势回顾及成因

1. 第一阶段（1月初至3月中旬）：食用油价格下跌

2020年初新冠肺炎疫情暴发，春节后国

内餐饮业大多处于停业状态，学校开学及企业复工推迟，全球股市及原油市场价格大幅下跌，食用油需求减少、价格走低。3月中旬，华东地区一级豆油价格5350—5400元/吨，比年初高点下跌约2000元/吨；长江流域四级菜油价格7300—7350元/吨，下跌约900元/吨；华南地区24度棕榈油价格4600—4650元/吨，下跌约2100元/吨。

2. 第二阶段（3月中旬至5月中旬）：食用油价格低位震荡

3月，全球新冠肺炎疫情快速扩散，东南亚棕榈油进入增产周期，原油价格继续走低，4月曾一度跌至负值，继续抑制国际食用油价格。国内疫情逐渐趋稳，企业复工复产，餐饮也陆续恢复营业，学校陆续开学，食用油消费需求增加，国内主要食用油库存处于历史较低水平，支撑食用油价格。5月中旬，华东地区一级豆油价格5540—5580元/吨，比3月中旬上涨约200元/吨；长江流域四级菜籽油价格7450—7500元/吨，上涨约150元/吨；华南地区24度棕榈油价格4540—4560元/吨，下跌约100元/吨。

3. 第三阶段（5月中旬至12月底）：食用油价格持续上涨

以大豆、油菜籽和棕榈油等为代表的全球油脂油料供应趋紧，刺激全球油脂油料价格快速上涨；疫情之下，政府增加食用油储备，企业复工复产，生猪养殖持续恢复，饲料用油需求增加，均拉动食用油消费增长；疫情灾情舆情等因素引发农产品价格上涨预期，叠加国内、国际宽松的货币政策造成流动性过剩，大量资本进入农产品期货市场逐利，推高食用油价格。12月底，华东地区一级豆油价格8800—8850元/吨，比5月中旬上涨约3300元/吨；长江流域四级菜籽油报价10400—10450元/吨，上涨约3000元/吨；华南地区24度棕榈油价格7250—7300元/吨，上涨约2700元/吨。

撰稿单位：国家粮油信息中心
撰稿人：郑祖庭
审稿人：周冠华、刘冬竹、李喜贵

第三部分

粮食宏观调控

一 政策性粮食收购

为促进粮食生产稳定发展，切实保护农民利益，保障国家粮食安全，2020 年，国家继续在部分粮食主产区实施小麦和稻谷最低收购价政策。小麦、早籼稻、中晚籼稻、粳稻最低收购价分别为 1.12 元 / 斤、1.21 元 / 斤、1.27 元 / 斤、1.30 元 / 斤，与上年相比，早籼稻、中晚籼稻每斤上调 0.01 元，小麦、粳稻保持 2019 年水平不变。2020 年最低收购价预案启动范围较往年有所缩小，江苏、安徽、河南、湖北等 4 省启动了小麦最低收购价执行预案，江西、黑龙江分别启动了早籼稻、中晚稻最低收购价执行预案。

新粮上市前，国家粮食和物资储备局会同有关部门单位及时印发收购通知，召开收购工作会议和督导视频会议，提前进行谋划，精心安排部署，督促指导各地和有关中央企业按照粮食安全省长责任制的要求，提前做好预案启动相关准备，合理布设收购网点，方便农民就近售粮。及时批复符合条件的地区启动最低收购价执行预案，敦促中储粮集团公司切实履行政策执行主体责任，有效发挥政策托底作用。

旺季收购期间，国家粮食和物资储备局多次召开新闻发布会，及时公布粮食收购进度，并且派出工作组赴部分主产区督导调研，帮助解决收购过程中出现的新情况新问题。特别是面对突如其来的新冠肺炎疫情，为保护种粮农民收益，国家有关部门适时调整最低收购价收购政策，将东北三省 2019 年中晚稻最低收购价预案执行截止日期延长 1 个月，将江西省 2020 年早籼稻托市收购执行起始时间从原定的 8 月 1 日适当提前到 7 月 25 日。各地严格执行国家粮食收购政策，强化市场监测预警，细化实化工作举措，全力抓好疫情防控常态下的粮食收购工作。在各级政府部门和有关中央企业共同努力下，粮食收购工作总体平稳有序，牢牢守住了农民“种粮卖得出”的底线。

撰稿单位：国家粮食和物资储备局粮食储备司

撰稿人：李洵、耿晓頔、董琦琦、胡兵、孟凡璠、毕一卓

审稿人：秦玉云、唐成

二 粮食储备及轮换

粮食储备是保障国家粮食安全的重要物质基础，2020 年，国家粮食和物资储备局认真贯彻落实储备改革意见精神，完善储备相关制度办法，储备管理的规范化、制度化水平进一步提升。严格中央储备粮计划管理，会同有关部门及时下达中央储备粮油年度轮换计划，督促企业认真执行，实现储备常储常新。加强对地方储备管理的指导协调，指导各地不断优化储备规模结构布局，创新管理模式，健全运行机制，切实提高区域粮食安全保障能力。推动中央储备和地方储备协同运作，着力形成吞吐联动、运转高效、优势互补、资源共享的储备管理格局。新冠肺炎疫情发生后，指导各地和有关企业根据形势变化，科学把握轮换时机和节奏，必要时及时调整轮换数量，发挥好储备吞吐调节作用，同时用好用活成品粮油储备，保障市场粮源稳定供应。

撰稿单位：国家粮食和物资储备局粮食储备司

撰稿人：向玉旭、王聪、高明、温江波

审稿人：秦玉云、唐成

专栏2 积极应对疫情影响　全力保障粮食供应

新冠肺炎疫情发生后，国家粮食和物资储备局以迎接大战大考的高度自觉，迅速建立工作机制，扎实做好粮油市场保供稳价、粮油企业复工复产、应急物资调运等各项工作，确保了全国粮油市场稳定有序、保障了部分防控物资急需。习近平总书记对此予以充分肯定，“两会”期间在看望参加政协会议的经济界委员时指出，“这次新冠肺炎疫情如此严重，但我国社会始终保持稳定，粮食和重要农副产品稳定供给功不可没。”

（一）精准施策，确保粮油保供稳价

在国务院联防联控生活物资保障组统筹调度和精心指导下，强化央地协同、区域协同、产销协同、企业协同，迅速建立完善机制，突出保障重点地区，制定湖北省和武汉市粮油应急供应工作方案，及时组织投放政策性粮食，保障粮油、饲料等用粮需求，增加成品粮库存，调度市场货源，加强产销对接，确保全国粮油供应不断档、不脱销。2020年2月初至4月底，湖北、北京及周边省份150多家重点企业累计销售大米180多万吨、面粉630多万吨、食用油170多万吨，有力保障了市场供应。北京市新发地农产品批发市场关闭后，立即启动应急机制，迅速调度摸清粮油储备最新情况和粮油应急企业加工能力，制定七省（市）联动保障方案，加大粮油供应保障力度，确保北京市粮油供应充足、价格稳定，市场运行平稳有序。

（二）多措并举，助力企业复工复产

第一时间搭建全国粮食应急体系联络网，与31个省（自治区、直辖市）粮食应急保供工作联络人保持24小时联系，时刻掌握全国粮油市场动态。印发《关于加快推进全国粮油企业复工复产工作的通知》，发挥粮食应急保障体系作用，统筹推进疫情防控和37家保供协作机制重点加工企业、5388家全国粮食应急加工企业复工复产。指导各地引导企业及时投放商品库存，适时组织储备粮投放，补充超市货源，确保市场成品粮油不脱销、不断档。积极协调粮食包装材料生产、谷壳回收等辅助性企业复工，切实解决粮油加工企业生产原料、辅料、包装等问题。协助粮油企业解决物流运输、用工不足、港口通关等问题，帮助企业迅速复工复产，通过多方努力，不到两个月粮食应急加工企业复工达到九成。加强粮油企业信贷和贴息资金支持，保障企业合理资金需求，审核报送2315个粮油重点企业，获得优惠贷款超过100亿元。

（三）积极应对，有序稳定市场预期

针对湖北、甘肃、山西、浙江、福建等地个别网点出现短暂集聚性购粮情况，会同地方

政府和粮食部门通过面对面沟通疏导、正面宣传引导、主流媒体发声和加大粮油组织投放力度、加强市场监管、强化舆情监测等举措积极应对，稳定消费者情绪。针对全球疫情蔓延、少数国家限制粮食出口、网络涉粮舆情增多等因素影响，以及部分地区粮油销量大幅增加的情况，准确把握“时、度、效”，根据舆情态势、公众关切热点、网友情绪、观点倾向等，踩准舆情节奏，有序组织发声，打出了一套部门权威发声、记者观点、专家访谈、出席新闻发布会、专题节目的宣传引导“组合拳”，稳定市场预期。

习近平总书记强调，要统筹推进疫情防控和经济社会发展工作，外防输入、内防反弹工作决不能放松，要坚持底线思维，做好较长时间应对外部环境变化的思想准备和工作准备。我们要时刻牢记习近平总书记“解决好吃饭问题始终是治国理政的头等大事”“中国人的饭碗任何时候都要牢牢端在自己手上”“手中有粮、心中不慌在任何时候都是真理”等重要指示，认真贯彻落实党中央关于“六稳”和“六保”的要求，抓重点、补短板、强弱项，着力防范化解粮食领域风险挑战，进一步增强应对像新冠肺炎疫情这样的突发事件的能力。

撰稿单位：国家粮食和物资储备局安全仓储与科技司

撰稿人：崔韫慧、杨林、李燕博

审稿人：王宏、邱永峰、陈林

三 粮情监测预警

（一）做好粮食市场运行情况监测，助力打赢疫情防控阻击战

新冠肺炎疫情暴发后，立即建立和启动全国粮食市场日监测日报告制度，及时掌握各地粮食库存、加工、销售、价格等动态变化。及时建立全国 540 家重点企业保供协作机制、12 家龙头骨干企业联系制度，每日报送粮食生产、库存等信息。指导湖北及周边省份加强重点区域粮油市场运行情况监测，全面准确掌握市场供应和加工、运输能力等，为疫情防控提供有效支撑。

（二）适应粮食市场新形势，健全完善粮食市场监测预警体系

国家粮食和物资储备局成立了粮食监测预警委员会，制定工作方案和任务清单，组织召开委员会全体会议和专题会议，张务锋局长、卢景波副局长多次出席会议现场指导监测预警体系建设，对主要粮食品种市场形势变化进行重点分析研判，推进重大问题研究、市场监测分析、社会预期引导等各项工作。各地有序启动监测预警体系建设，建立了地方粮食市场监测预警队伍，全系统市场监测预警能力进一步提升。

（三）优化完善市场监测点布局，持续做好监测预警工作

不断健全粮油市场监测网络，调整优化监测点，完善数据信息采集、分析和发布机制。截至 2020 年末，入统涉粮企业约 5 万家，城乡居民固定调查点 15 万个，市场信息直报点 1072 个。扎实做好收购进度、价格监测、购销存统计、社会粮油供需平衡调查等工作，及时上报信息，为有关部门提供粮食市场动态；及时发布有关信息，服务市场购销主体。

撰稿单位：国家粮食和物资储备局粮食储备司

撰稿人：袁海波、赵泽林、邢文煦、沈洁

审稿人：秦玉云、唐成

四　粮食产销合作

（一）广泛开展合作

各地认真落实《关于深化粮食产销合作提高安全保障能力的指导意见》要求，研究制定贯彻实施意见，按照互惠互利的原则，主动加强合作对接，积极建立长期稳定的合作机制。31 个省（自治区、直辖市）均签订粮食产销合作战略相关协议，其中黑龙江、河南、吉林、福建、广东等省份分别与 10 个以上省份签订合作协议。北京、福建等地通过资金补助支持等方式，鼓励企业到产区开展合作经营，强化粮源保障。

（二）发挥平台作用

国家粮食和物资储备局积极打造全国性粮食产销合作平台，继 2018 年、2019 年先后在黑龙江省、河南省举办首届和第二届中国粮食交易大会后，2020 年 10 月在福建省举办第三届中国粮食交易大会，市场影响力和社会关注度进一步提升。同时，黑龙江、长三角等区域性粮食产销合作洽谈会、交易会常年举办，品牌效应得到充分发挥。

（三）拓展合作方式

产销区因地制宜，不断探索创新产销合作形式。积极发展“互联网 + 粮食”等新模式，如吉林省和浙江省举办“云推介”，大力拓展网上粮食交易，推进线上线下互动有效应对了疫情影响。规范建立异地储备，部分销区到产区建立一定数量的异地粮食储备，双方密切沟通、加强监管，在有效利用产区粮食和仓储资源的同时，充分发挥销区资金和管理优势，实现了互利共赢。通过鼓励发展订单收购、开展产后服务、建立收储基地等形式，拓宽产销合作渠道，确保产销合作实效。

撰稿单位：国家粮食和物资储备局粮食储备司

撰稿人：董祥、孙哲、李萌、陈晓雅

审稿人：秦玉云、唐成

专栏 3　全国公益性饲料粮专场交易会

为确保南方饲料养殖大省原料供应，促进销区与产区企业精准对接，保障北粮南运顺畅运行，提高流通效率，降低流通成本，国家粮食和物资储备局会同有关部门通过国家粮食交易平台于 2020 年 1 月 6—7 日在吉林长春举办了全国公益性饲料粮专场交易会，组织粮源 2045 万吨，240 多家饲料用粮企业参与招标采购，成交玉米 871.2 万吨，成交金额 155.4 亿元，专场交易会有效促进了粮食产销衔接农企对接。一方面，为种粮农民和用粮企业提供直接对接平台。在生猪生产各项政策落实和市场行情拉动下，饲料企业购粮意愿明显回升，公益性饲料粮专场交易会恰逢其时采取线上线下相结合的方式，为种粮大户和饲料养殖企业提供了充分交流、购销对接的机会，最终促成 86 家饲料养殖企业达成交易。另一方面，多方联动组织保障措施有力有效。东北产区粮食和物资储备等有关部门积极组织协调落实粮源，南方销区提供市场需求，通过信息引导供需见面，帮助饲料养殖企业锁定优质粮源，参与专场交易免收买卖双方交易费用，国铁集团为“北粮南运”保障运输需求，农业发展银行为成交粮食提供融资贷款服务。

撰稿单位：国家粮食和物资储备局粮食交易协调中心

撰稿人：姜青志、毕一卓、陈鹏

审稿人：张云

五 粮食市场交易

（一）认真组织国家政策性粮食销售

2020 年，国家有关部门进一步加大库存粮食消化力度，全年共组织政策性粮食竞价销售交易 247 场，成交粮食 11545.9 万吨，同比增加 7269.5 万吨，是上年的 2.7 倍，成交金额 2285 亿元。分品种看，小麦成交 2762.3 万吨，同比增加 2400.5 万吨，是上年的 7.6 倍；稻谷成交 2791.4 万吨（早籼稻 401.6 万吨、中晚籼稻 1329 万吨、粳稻 1060.8 万吨），同比增加 1163.2 万吨，是上年的 1.7 倍；玉米成交 5992.2 万吨，同比增加 3779.2 万吨，是上年的 2.7 倍。全年国家政策性粮食成交量大幅增长 170%，各品种粮食均有不同程度增加。一是市场需求旺盛，企业竞拍意愿强烈。受饲料需求恢复性增长、玉米产需缺口扩大、货币环境宽松等因素影响，玉米市场价格高位运行，国家临时存储玉米竞拍激烈火爆，成交呈现连续维持或接近 100%的罕见场面，成交均价 1915.2 元 / 吨，平均溢价 243.5 元 / 吨，均创近年新高，当年国家临时存储玉米基本消化完毕。二是小麦和稻谷饲用替代效应显现。为满足饲料养殖企业用粮需求，国家加大超期储存粮食销售力度，与往年相比，超期储存饲用稻谷和小麦成交量超过前三年成交总和，对饲料市场形成了有效补充。三是强化政策性粮食销售出库协调督导。聚焦粮食履约出库存在重点难点问题，严格交易各环节的管理，落实相关方的责任，积极采取有效措施，为政策性顺利销售出库营造良好的氛围，全年粮食销售出库率超过 90%。

（二）积极推进地方政策性粮食和中央储备公开交易

各级政府和有关部门按照公开、公平、公正的原则，全力推进各级储备粮上网交易，全年共组织各级储备粮油竞价销售和采购 4037 场，成交 1614.2 万吨，成交金额 389.4 亿元，其中，部分中央储备粮轮换首次通过国家粮食交易平台交易。

（三）充分发挥交易资源优势服务疫情防控

疫情防控特殊时期，为确保重点地区口粮和饲料粮稳定供应，打赢疫情防控阻击战，利用国家粮食交易平台会员类型多样、覆盖面广、成品粮油加工企业多的优势，国家有关部门从 2020 年 2 月 10 日起快速组织粮源，重新启动湖北地区中晚籼稻竞价交易，每周投放 80 万吨中晚籼稻销售标的，满足广大消费者需求，稳定市场预期。贵州、福建、山东、北京等省级交易中心在疫情防控期间先后开设成品粮油交易专场，切实保障辖区内粮食市场有效供给。

撰稿单位：国家粮食和物资储备局粮食交易协调中心

撰稿人：姜青志、毕一卓、陈鹏

审稿人：张云

专栏 4 2020 年第三届中国粮食交易大会

2020 年 10 月 19 日至 21 日，国家粮食和物资储备局、福建省人民政府在福州市共同举办了第三届中国粮食交易大会。本届交易大会以“聚优质、强产业、增活力、畅流通——建设粮食产业强国，扛稳粮食安全重任”为主题，举办优质粮油产品暨相关技术设备展览、产品和项目推介会、专场交易会、粮食政策和市场形势分析会、消费扶贫展销会以及洽谈签约等多项活动。特别是为深入贯彻落实习近平总书记关于保障粮食安全的重要指示批示精神，举办全国粮食安全宣传教育主题展，推动学习宣传贯彻走深走实。大会内容丰富、交易活跃、成果丰硕，市场影响力和社会关注度显著提升。

一是，产销合作成果丰硕，更好服务构建新发展格局。大会展览面积 7.5 万平米，来自 31 个省（自治区、直辖市）的 2600 余家企业参会，专业观众注册参会 1.5 万人，规模超过前两届。参会企业达成采购和销售意向金额 362 亿元；其中，线上成交各类粮油产品 1035 万吨，金额 292 亿元，线下成交金额 69 亿元。

二是，优质粮油产品集聚，更好服务人民群众对美好生活的需求。近年来，随着优质粮食工程深入推进，各地充分发挥地域优势，大力培育粮食产业品牌和企业群体，涌现出众多知名度高、公众喜爱的粮油品牌。本届大会，“中国好粮油”示范企业踊跃参会，一大批品种丰富、琳琅满目、特色鲜明的区域公共品牌、企业名优产品集中亮相，为消费者提供更多高品质、个性化、多方面的选择，受到当地市民热烈欢迎，现场展示产品被采购一空。

三是，交易平台不断拓展，更好服务粮食流通现代化。本届大会顺应数字化、网络化、智能化的大趋势，搭建了中国好粮油电子交易平台，共有 1565 家企业、1630 个品牌、4290 种粮油产品进行线上展示，实现线下交易大会和国家粮食交易平台、中国好粮油电子交易平台“三位一体”，集中展示优质粮食工程建设和粮食产业发展成果。此外，进一步创新方式，拓展交易平台，在主展馆推出多省区专场推介和直播带货活动，助力各地、各企业品牌宣传和线上营销，企业直播宣传带货在线观看人次超百万。

四是，社会反响热烈，市场影响力显著提升。中央及地方的 100 多家媒体、近 300 名记者到会采访；中央电视台《新闻联播》对大会盛况进行了播报；央广网对开幕式进行了网络直播；行业主流媒体对各省粮油产品推介和消费扶贫进行专题采访和报道；“第三届中国粮食交易大会”相关话题登上微博热搜第 3 名，关注人次超过 500 万。

撰稿单位：国家粮食和物资储备局粮食交易协调中心

撰稿人：姜青志、毕一卓、陈鹏

审稿人：张云

第四部分

粮食流通监管

一　粮食仓储管理

2020年，粮食仓储管理顺应粮食储备体制机制改革，聚焦政府储备核心，加强政策引领、强化基础研究、创新业务指导，推动发展粮食“绿色仓储”，推进仓储管理规范化。一是贯彻新发展理念，谋划大力发展粮食“绿色仓储”，促进储粮化学药剂减量增效，提升粮食保质保鲜储存能力。二是贯彻粮食储备体制机制改革精神，出台《政府储备粮食仓储管理办法》，推动政府储备承储库点分类管理，从仓储角度完善政府储备安全管理制度。三是推动粮仓分类分级评价和精细化储存，以粮食储存环节“绿色优储”带动产购储加销“五优联动”，助力粮食产业高质量发展。四是开展前瞻性、基础性研究，组织“粮食‘绿色优储’评测方法研究”和“粮食储藏保温隔热技术系统研究”等基础性研究，为粮食仓储转型升级发展提供支撑。五是创新制作储粮重点技术短片、“储粮专家说”微课、仓储保管规范操作示范片等仓储管理和技术应用方面的可视化资源。搭建全国技术应用和交流平台，促进绿色储粮技术应用。六是立足机构改革新形势新任务，拓展仓储管理职能，围绕中心、服务大局，支持做好棉糖储备管理工作。

“十四五”时期，粮食仓储将更加突出“优储”的质量导向，适应粮食储备安全升级和粮食产业高质量发展需要，以“绿色仓储”和“规范化管理”为重点，用好“粮仓分类分级”“粮食仓储企业规范化管理”“粮食储备承储安全管理”“淘汰磷化铝对我国粮食仓储影响及风险评估”等研究成果，出台《关于大力发展粮食“绿色仓储”的指导意见》《粮食仓储企业规范化管理体系》等政策和规范性文件，并组织宣贯实施。进一步加强“绿色仓储”技术交流和业务指导，支持开展并配合“粮食绿色仓储提升行动”。推进粮食仓储基础研究，继续做好储备棉糖仓储管理调研，再形成一批政策制度和标准规范建议。

撰稿单位：国家粮食和物资储备局安全仓储与科技司

撰稿人：李鹏飞、施季辉、黄雨

审稿人：王宏、张成志、彭扬

二　粮食流通秩序规范

（一）健全事中事后监管制度规则，推动“三项制度”改革

一是严格贯彻落实国务院行政执法“三项制度”。结合行业实际，制定印发《国家粮食和物资储备局粮食行政执法“双随机”抽查事项清单》《国家粮食和物资储备局粮食行政执法音像记录设备管理制度》《国家粮食和物资储备局粮食行政执法统计年报制度》《国家粮食和物资储备局粮食行政执法规范用语》《国家粮食和物资储备局粮食行政执法记录信息资料调阅使用管理办法》《粮食行政执法监督检查流程图示》等6项粮食行政执法制度，聚焦执法督查源头、过程、结果，全面落实国务院依法行政要求。二是修订印发了《粮食和物资储备执法督查工作规程》。修订后的工作规程由原来6章35条，增加到10章69条，对主要依据、适用范围以及检查组织、检查实施、调查取证、检查报告、案件调查结果审核、检查决定与执行、检查材料归档、检查行为规范等重点环节、事项作出了详细规定，进一步严格粮食和物资储备执法督查工作程序，规范执法督查行为。三是制定印发《国家粮食和物资储备局关于创新方式强化监管与时俱进做好执法督查工作的指导意见》。厘清中央事权粮食监管事权边界，健全粮食和物资储备执法督查体制机制，对今后一段时期执法督查改革发展作出部署，为将来5年执法督查工作发展规划作出了顶层设计，提供了遵循指南。

（二）加强粮食收购监管工作，切实维护种粮农民利益

一是及时印发监管通知文件。主动适应市场化收购比重大幅上升，市场主体趋于多元化的新形势，牢牢守住不发生区域性“卖粮难”底线。结合夏秋季粮食收购，及时印发《国家粮食和物资储备局关于切实加强2020年夏粮收购监管工作的通知》《国家粮食和物资储备局关于做好2020年秋粮收购监督检查工作的通知》，同时广泛开展监管政策宣传解读，各地实行参与收购企业全覆盖督导，突出抓好国家粮食收购政策执行情况的监督检查，强化粮食市场化收购的监督检查，特别是将利用计量设备非法获利的违法违规问题作为重点检查内容。二是强化收购监管督导。国家粮食和物资储备局组成12个督导组，由局领导带队，分赴河南、江苏、安徽、黑龙江、吉林等粮食收购重点省份，督促指导各地压实监管责任，保障国家粮食收购政策落实到位。三是加大督导检查力度。对各类参与收购的企业实现督导检查全覆盖，消除监管盲区，切实维护农民利益。各地坚持结果导向、问题导向，认真制定方案，统筹选派精干力量，把握重点，认真排查风险隐患、督促企业切实整改，对秋粮收购中出现的区域性、群体性、典型性、苗头性、

倾向性问题，做到早发现、早报告、早处置。四是从速从快执法办案。依法查处江西、湖北、湖南等省扰乱市场秩序案件，维护种粮农民利益。总体看，近年来未发生区域性“卖粮难”和“打白条”等问题，收购工作总体平稳有序。

（三）加强监管热线运行管理，有效维护粮食流通秩序

2020 年，12325 全国粮食和物资储备监管热线通过电话、网站、信访、微信等渠道接收来电来信上万次，受理有效投诉举报 227 件，帮助兑现拖欠农民售粮款 1200 余万元，协调出库粮食约 6.1 万吨，避免了 5000 多吨食品安全指标不合格粮食流向口粮市场。一是加强热线运维管理。高度关注疫情相关线索，对反映个别省份的个别地区发生疯抢大米，及个别粮库出库纠纷、拖欠售粮款等问题，即收即办、迅速分办、及时督办，确保每件举报都能及时办理、及时反馈，为打赢疫情防控阻击战提供有力保障。对受疫情影响严重的湖北、黑龙江等地区，适当延长承办单位案件核查时限，确保核查标准不降、节奏不乱、工作不断。二是建立通报、回访、查审分离制度。2020 年起，每季度就线索查办质量、时效等情况予以通报，紧盯影响办案质量的难点和共性问题，以通报促进问题整改，倒逼质量提升。同时，对重点案件的查处情况，进行实时跟踪，重点通报，进一步落实责任，传导压力。随机抽取已办结的实名举报线索进行电话回访，请举报人对核查过程、结果作出评价。通过回访，查漏洞、补短板，进一步规范核查程序，提高查办质量。从回访情况看，举报人对案件核查均表示满意。实行查审分离制度。建立监督机制，强化审核力度，通过会签、会商等措施，实现案件审核标准化、程序化、制度化，不断提升案件办理质量。三是强化热线平台建设。认真总结热线运行 3 年的实践经验，立足机构改革后粮食和物资储备监管新形势新要求，在充分调研论证的基础上，以技术创新为手段、以深化服务为导向、以提质增效为目的，建设全新的热线系统平台。新系统平台与原系统无缝对接，系统数据由外部云平台全部导入国家粮食和物资储备局云平台，大幅提升了数据的可控性、完整性、规范性和有效性。在原有功能基础上，新增四大功能模块，包括物资储备案件线索处理功能，将 26 个垂直管理局、中石油等 10 余家央企，纳入热线系统处理范围，更好履行中央储备物资监管职责；智能督办功能，实现线索督办手段多元化、流程化，大幅提升案件查处工作效率；实时共享功能，与国务院办公厅“互联网 + 监管”等系统共享和交换数据；查询统计功能，通过提取关键词，设置时间段等简易操作，及时调取查询相关业务数据。四是持续加强热线宣传。各级粮食和物资储备部门通过新闻发布会、广播电视台等方式宣传讲解 12325 热线，在社会引起强烈反响，取得良好成效。五是加强案件抽查审核。坚持“严”字当头，树立“铁案”意识，对收到的案件线索统一登记、分办、督办、审核，建立案件审核“四个是否”标准，即“事实是否查清、定性是否准确、处理是否

恰当、证据是否确凿”，为粮食和物资储备安全提供有效支撑。

（四）开展政策性粮食入库质量抽检复核，防范化解源头质量安全风险

2020 年 11 月至 12 月，组织江苏、安徽、江西、河南、湖北、湖南、四川等七省垂管局，首次开展了新入库最低收购价小麦、稻谷质量抽检复核工作。按照“政策启动省份全覆盖、充分体现代表性”的原则，此次复核新入库最低收购价粮食库存 32 亿斤（小麦 24.6 亿斤，稻谷 7.4 亿斤），共抽取样品 746 份，其中小麦 536 份、稻谷 210 份，涉及 306 家政策性粮食承储库点的 602 个货位，复核质量指标和主要食品安全指标，委托北京、浙江以及国家粮食和物资储备局粮食科学研究院粮油质量监测中心进行集中检验。同时，将企业执行政策性粮食入库质量安全检验制度作为本次抽检重点。此次质量抽检复核，对创新检查方式、强化政策性粮食质量监管路径进行了有益探索；锻炼了垂管局监管队伍，有效提升了履职能力；掌握了重点省份政策性粮食质量检验状况，发挥了监管威慑力，维护了政策法规的严肃性，取得了较好成效。

（五）强化政策性粮食销售出库监管，确保国家调控政策落地见效

根据国务院批复的 2020 年粮食库存消化安排意见，国家粮食和物资储备局会同国家发展改革委、财政部、农业农村部、海关总署、国家能源局、中国农业发展银行等部门单位联合印发《关于进一步加强国家政策性粮食销售出库和加工转化监管督查工作的通知》。结合近年来个别地区和单位暴露的销售标的提报审核把关缺失、出库质量管理混乱、地方交易市场纠纷调解不力、粮食出入库信息报告不及时等突出问题，有针对性地提出了解决措施。理顺了自 2016 年粮食库存消化以来监管体制不健全、监管责任和任务难落实的问题，建立了政策性粮食从销售出库到加工转化的全流程、全环节监管体制机制，充分调动各相关部门的积极性，开创了政策性粮食销售出库环节、加工转化环节的联动执法新局面。全面细化明确了自 2004 年《粮食流通管理条例》颁布实施以来的“粮食出库检验制度”，强化了销售环节的质量管理要求，彻底解决了长期以来出库检验制度检验时间节点不明确、检验指标不明确、检验机构不明确、组织主体不明确等问题，对解决政策性粮食出库环节质量标实不符、将宜存粮食作为不宜存销售等系列“老大难”问题也起到积极推动作用。总体看，各地切实加强组织领导，落实责任分工，认真处理纠纷，为合理消化粮食库存创造了良好的市场环境，确保政策实施达到预期效果。

（六）深入推进“互联网 + 监管”，提升监管精准化、智能化水平

一是积极应用粮食行业“双随机”抽查应用系统。建立检查对象和执法队伍名录库，全面推进“双随机、一公开”，采取“四不两直”方式，创新监管方式。截至 2020 年 12 月底，各地已有 4.5 万家粮食经营者、1.4 万名检查

人员分别纳入检查对象和执法队伍名录库，通过粮食行业“双随机”抽查应用系统开展检查活动 450 余次。二是积极推动中央储备粮库存动态监管系统建设。2020 年 8 月，通过招标方式确定动态系统建设单位，项目建设取得实质性进展，将尽快实现动态远程监管、在线监控，充分发挥信息技术在确保库存真实、防止管理失职和腐败犯罪等方面的重要作用。三是加快推进以信用为核心的新型监管机制。以统一社会信用代码为标识，积极推动粮食企业信用监管体系建设。开展《粮食企业信用监管体制机制》课题研究，探索建立失信企业“黑名单”，实现联合惩戒的理论和路径。起草制定《粮食企业信用监管平台（一期）需求方案》，2020 年 11 月启动正式招投标，12 月着手开始监管平台建设，信用监管步伐加快推进。

撰稿单位：国家粮食和物资储备局执法督查局

撰稿人：李昭、杨焕成、王福东、李阳、吕冰

审稿人：廖小平、杨卫辰、张永刚

专栏 5　中央储备粮棉管理和中央事权粮食政策执行情况年度考核

国家粮食和物资储备局扎实组织开展2019年度中央储备粮棉管理和中央事权粮食政策执行情况考核，在总结“首考”经验的基础上，继续优化考核方案，顺利完成年度考核各项任务，实现取得良好实效的目标。

一是认真研究制定考核方案。及时研究优化制定了考核方案，于2020年4月底印发并认真组织实施。6月专题召开考核动员视频会议，全面部署了年度考核工作，并对各阶段工作提出明确指示要求。

二是有序推进各阶段工作。各垂管局举全局之力投入考核，在9月底如期完成实地考核工作，提交了考核评价报告。各垂管局实地考核中储粮分公司直属企业数量均在30%以上，对辖区内中央储备棉承储企业实地考核范围达到100%，同时对油脂、储运等子公司直属企业进行了首次实地考核。实地考核覆盖了中储粮集团公司全部27个分（子）公司。经过两年实战锤炼，垂管局中央储备在地监管基础日渐夯实。

三是首次开展“总体情况考核”。为使年度考核更加全面立体，年度考核新设“总体情况考核”环节，对中储粮集团公司总体情况进行了考核。考核组以查阅资料、问询谈话、核实问题等方式，重点从集团公司层面落实《关于完善体制机制加强粮食储备安全管理的若干意见》、中央储备粮棉管理政策、健全内控规章制度、政策性粮食库存大清查和2018年度考核发现问题整改等方面查找短板弱项。“总体情况考核”的成功实施，实现了“既考基层、又考顶层”的考核效果，集团公司自觉接受考核、服从监管的意识进一步增强。

四是有的放矢组织开展随机抽查。对山西、福建、广西、兰州、中储棉等5个中储粮分（子）公司进行了随机抽查。各抽查组采取“四不两直”方式，随机选取抽查库点，深入库点深入核查；紧扣问题整改等考核重点，查阅考核自评报告和整改材料，核对账簿凭证，与相关人员进行谈话，入库现场查验，力求考核评价客观准确、指出问题精准到位；对抽查中发现的问题进行深入细致核实，有针对性提出整改要求，督促立行立改、严肃整改。随机抽查不仅聚焦考核本身，也反观政策运行中的薄弱环节，为进一步健全制度、完善机制提供决策依据。

五是年度考核取得良好实效。总体看，中储粮集团公司2019年聚焦中央储备粮棉和中央事权粮食管理主责主业，紧扣储备轮换、政策性粮食收储等核心工作，着力保障国家粮食储备安全，在服务宏观调控、应对国内外风险、维护市场稳定等方面发挥出重要作用。中央储备粮数量真实、质量良好；其他中央事权粮食数量基本真实、质量总体安全；储备棉保管情况总体良好。中储粮集团公司较好贯彻落实了中央储备粮棉和中央事权粮食相关政策管理规定，“两个安全”形势稳定向好；将问题整改“回头看”作为重点工作，切实开展专项治理、巡查及检查，问题整改取得明显成效。实践证明，年度考核已经成为夯实中央储备管理“两个责任”的有力手段，也成为推动粮食储备体系和能力现代化的重要举措，与粮食安全省长责任制考核共同构成担负起保障中央储备安全重任的两翼。

撰稿单位：国家粮食和物资储备局执法督查局

撰稿人：段岫、温朝晖

审稿人：廖小平

三　粮食质量安全监管

（一）加强粮食质量安全监管制度建设

坚持问题导向和底线思维，不断健全完善粮食质量安全管理制度。2020 年，国家粮食和物资储备局持续强化粮食质量安全监管制度建设，组织修订《粮食流通管理条例》，重点之一是强化粮食质量安全管理。一是，建立健全粮食流通质量安全风险监测体系，卫生健康、市场监督管理、粮食和储备等部门按照职责组织实施粮食流通质量安全风险监测。二是，严把粮食收购质量安全关，粮食收购者收购粮食应当按照国家有关规定进行质量安全检验，确保粮食质量安全。对不符合食品安全标准的粮食，应当作为非食用用途单独储存。三是，严把粮食储存质量安全关，粮食不得与可能对粮食产生污染的有毒有害物质混存，储存粮食不得使用国家禁止使用的化学药剂或者超量使用化学药剂；储存期间应当定期进行粮食品质检验，粮食品质达到轻度不宜存时应当及时出库。四是，严把粮食运输质量安全关，不得使用被污染的运输工具或者包装材料运输粮食，不得与有毒有害物质混装运输。五是，严把粮食销售出库质量安全关，出库前应当按照要求进行质量安全检验，未经质量安全检验的粮食不得销售出库。六是，加强区域性粮食污染监控，县级以上地方人民政府应当建立健全被污染粮食收购处置长效机制，发现区域性粮食污染的，应当及时采取处置措施。七是，认真落实中共中央、国务院关于加强粮食储备安全管理的政策要求，组织制定了《政府储备粮食质量安全管理办法》，明确细化了政府储备粮食入库、储存和出库质量管控，检验机构要求，监督检查等内容，进一步健全政府储备粮食质量管控制度，强化外部监管，确保政府储备粮食质量安全。

（二）推进粮食质量安全检验监测体系建设

近年来，通过业务指导和资金支持等方式，推动地方粮食和储备行政管理部门积极争取当地政府和有关部门支持，不断加强粮食质量安全检验监测体系建设，着力构建以省级为骨干、市级为支撑、县级为基础的粮食质量安全检验监测体系。截至 2020 年底，全国隶属于粮食和储备部门的粮食质量安全检验机构 764 个，其中国家级 1 个、省级 27 个、市级 234 个、县级 502 个。粮食质量安全检验监测体系积极发挥技术服务作用，开展粮食质量调查、品质测报、质量安全监测，最低收购价粮食、地方事权粮食等政策性粮食验收和库存粮食检验监测，军粮、放心粮油、好粮油等成品粮油监测，市场监管等部门以及粮食企业委托的检验业务等，2020 年累计检验样品 58.2 万份，为把好粮食质量安全关、确保人民群众

"舌尖上的安全"提供了技术支撑。

（三）推动粮食质量安全检验机构转型发展

为贯彻落实党中央、国务院关于加强粮食储备安全管理，深入推进优质粮食工程，保障国家粮食安全等决策部署，进一步创新完善粮食检验监测体系体制机制，全面提升粮食检验监测能力，助力粮食产业高质量发展，研究起草了创新完善粮食检验监测体制机制的指导意见，指导各地从实际情况出发，推动粮食检验监测体系转型发展。

（四）拓展粮食质量安全监测新领域

首次开展新收获花生等油料质量安全监测，初步掌握全国花生质量安全风险状况，为保障食用油料、油脂供给提供技术支撑。2011年之后首次在全国范围内开展储备食用植物油质量安全监测，确保库存食用植物油质量良好、食用安全。同时，持续规范开展收购、储存环节粮食质量安全监测，完成新收获粮食及油料监测样品约 1.4 万份和库存粮食监测样品 7000 余份，获得检验数据近 20 万个。检测结果信息及时报送国家有关部门，为相关部门及时掌握粮食质量安全状况，开展监督抽检和宏观调控提供参考；及时通报相关省份，督促抓好问题整改和跟踪防范工作，指导企业加强粮食收购质量安全把关，严禁不符合食品安全标准的粮食流入口粮市场和食品生产企业，切实守护人民"舌尖上的安全"。

（五）开展粮食质量安全考核工作

各地继续健全粮食质量安全管理制度，切实落实党中央、国务院关于粮食质量安全相关部署，制定当地超标粮食收购处置办法，研究完善当地粮食收购入库、销售出库必检项目，强化粮食质量安全检验监测体系，进一步压实属地管理责任。为强化正向激励，国家粮食和物资储备局评选了 2019 年度全国粮食质量安全工作优秀单位和优秀个人，其中黑龙江省粮食局等 15 个单位被评为优秀单位，38 名各省粮食质量安全工作者被评为优秀个人，推动各地区、各单位以优秀单位和优秀个人为榜样，进一步提升粮食质量安全治理能力和保障水平。

撰稿单位：国家粮食和物资储备局标准质量中心

撰稿人：李玥、尹诗文、崔红叶、袁法程

审稿人：王耀鹏、齐朝富、孙长坡

专栏6　全国涉粮问题整改“回头看”专项行动

粮食安全事关经济社会发展和国家安全大局。2020年8月，习近平总书记等中央领导同志先后对国有粮库负面舆情作出重要批示，提出明确要求，充分体现了党中央、国务院对国家粮食安全问题的高度重视。为认真贯彻落实习近平总书记等中央领导同志重要批示精神，深入摸排政策性粮食库存管理存在问题，持续消除风险隐患，坚决堵塞管理漏洞，2020年9月起，国家粮食和物资储备局在全国范围开展了为期三个月的涉粮问题整改“回头看”专项行动。本次专项行动，针对2019年全国政策性粮食库存大清查、粮食安全省长责任制考核、中央储备粮管理和中央事权粮食政策执行情况年度考核、“三阳”涉粮事件等发现的问题，结合中央纪委国家监委对国有粮库摸排调查工作，对全国1.9万个政策性粮食储存库点近年来检查发现问题整改情况进行了拉网式大排查，达到了提升国有粮库管理水平，进一步夯实粮食安全基础的目的。

（一）提高政治站位，强化使命担当，坚决贯彻落实

认真落实习近平总书记等中央领导同志重要批示，国家粮食和物资储备局党组认真学习领会，切实把思想和行动自觉统一到习近平总书记等中央领导重要批示精神上来，以“零容忍”的态度，坚决消除国有粮库存在的问题隐患，以有力举措和扎实成效更好体现“四个意识”、践行“两个维护”。国家粮食和物资储备局党组多次召开专题会议，研究工作举措，制定专项行动方案；召开全国粮食和物资储备执法督查工作会议进行动员部署；约谈中储粮集团公司主要负责同志，敦促深刻汲取教训，全面整改问题；采取召开会议调度研判、专项督导检查和重点抽查等措施，督促各地各单位全面落实专项行动要求，确保问题整改取得扎实成效。

（二）坚持问题导向，加强组织领导，坚决打赢“回头看”专项行动攻坚战

各省（自治区、直辖市）和中储粮集团公司高度重视，25个省份党委政府主要负责同志或分管负责同志作出批示，9个省份召开专题会议进行研究部署，4个省份党委政府负责同志赴基层国有粮库督导调研，落实落细各项工作要求。各省（自治区、直辖市）粮食和物资储备部门坚持应查尽查、改必彻底，细化工作方案，明确职责分工，扎实开展工作，始终坚持问题导向，明责加压，在不折不扣完成“规定动作”基础上，结合实际增加“自选动作”，做到工作内容上只增不减，工作方法上从严从实，工作组织上精心精准，确保问题整改落地落实。

（三）坚持最严标准，严肃执纪问责，坚决抓好涉粮问题整改措施落实

各地各单位层层传导压力，以“钉钉子”精神狠抓问题整改落实。同时，强化执纪问责，对检查不认真、走过场，整改问题不彻底的，依法依规严肃处理。一是严标准。坚持严字当头，动真碰硬，严格对照法律法规制度规定，明确整改措施要求，确保问题真改实改。二是严质量。对问题整改完成情况、质量和取得成效实事求是进行评价分析，对整改不到位的，要求“返工补课”，整改不达标坚决不放过。三是严查处。对工作进度偏慢、思想不重视、敷衍了事的企业和单位进行重点督办约谈；对整改后仍未达到要求的企业，下达责令整改书；对发现的违规违法问题依法立案核查并作出行政处罚。

（四）全面以查促改，筑牢底线思维，专项行动成效明显

通过专项行动，各级党委政府对粮食安全重视程度进一步提高，组织领导进一步加强，支持保障力度进一步加大。通过持续排查整治风险隐患，释放了守底线、强监管、严问责的强烈信号，依法严厉打击涉粮违法违规行为的高压态势得到进一步巩固。

1. 全面整改问题，政策性粮食管理水平明显提升

此次专项行动既集中整改了一批历史遗留的“老问题”，又及时发现处置了一批“新问题”，涉粮问题整改基本完成；少数问题需要结合粮食销售出库、能力建设提升等进行整改，专项行动新发现的问题正在抓紧整改落实。一批涉及中央储备轮换、质量安全管理、租仓收储、销售出库等重点敏感问题得到整改，一些长期想解决的难点问题得到解决，收储企业执行粮食收储政策的主动性、自觉性进一步增强。

2. 深挖问题根源，全面推动管理和监管提档升级

坚持“当下改”和“长久立”相统一，在持续推动问题整改的同时，深刻剖析问题产生的根源，找准难点盲点，不断健全完善制度措施，靶向发力，精准施策。一是补齐制度短板。加快健全完善粮食安全保障法治体系，及时制修订相关政策制度规定，适应政策性粮食管理和监管新形势新要求。国家粮食和物资储备局积极推动《粮食安全保障法》立法进程，制修订《粮食流通管理条例》《粮食储备安全管理条例》等法规制度十余项。二是加强队伍建设。各地各单位积极争取政府支持，缓解基层粮食管理机构人员力量弱化、难以适配监管需要的问题，为更好履行监管职责提供了保障。三是注重源头治理。针对租赁、委托库点储粮基础设施条件薄弱、监管难度大的实际，大幅整合清退存在经营风险、储粮安全隐患的社会承储库点，从源头消除风险隐患。

3. 筑牢底线思维，进一步强化为国管粮责任担当

各地各单位认真学习贯彻习近平总书记等中央领导同志重要指示批示精神，进一步深化对新形势下管好“大国粮仓”重要意义的认识，增强了为国管粮的政治自觉、思想自觉和行动

自觉。山东省在创新监管手段、提升监管效能上下功夫，率先建成覆盖省市县三级的远程监管系统，初步实现智能化远程监管。四川省在强化红线意识、以案示警示教上下功夫，开展“以案释纪法　自警守廉洁”廉政警示教育活动，聚焦基层粮食库点廉洁从业、党组织建设等方面的短板，用身边事教育身边人。河北、安徽、宁夏、青海垂管局在切实履职尽责、强化协同监管上下功夫，加强与有关部门单位协作，明确监管职责，形成监管合力。湖北、湖南、广西、陕西垂管局在建立健全机制、完善工作措施上下功夫，建立中央储备粮日常监管台账和分析研判机制，不断提高执法监管效率。

撰稿单位：国家粮食和物资储备局执法督查局

撰稿人：安佳宁、邓立

审稿人：朱之光

第五部分

粮食质量与标准

一 总体状况

为及时掌握2020年新收获粮食质量安全状况，指导企业做好粮食收购，服务粮食产业高质量发展，国家粮食和物资储备局组织各地开展新收获粮食质量调查、品质测报等监测工作。监测结果显示，2020年全国新收获小麦、稻谷、玉米、大豆、油菜籽等主要粮食、油料没有发生系统性、区域性质量安全问题。其中，小麦整体质量为近10年来最好；油菜籽整体质量较好；粳稻整体质量良好；大豆整体质量正常；中晚籼稻中等以上比例处于正常水平，但整精米率较正常年景略有下降；玉米整体质量不如上年；早籼稻整体质量水平较低。

为强化标准引领质量的作用，国家粮食和物资储备局深入实施国家粮食安全战略、标准化战略，立足粮食系统深化改革转型发展实际，以服务高质量发展为目标，加快构建粮食全产业标准体系。截至2020年底，国家粮食和物资储备局负责管理的标准共680项，包括粮食国家标准363项、行业标准317项，已形成覆盖粮食收购、储存、加工、销售等环节衔接配套的标准体系。同时，加强粮食标准国际化工作交流合作，坚持共商共建共享，粮食标准国际影响力不断提升，持续推动牵头制定国际标准，首次向国际食品法典委员会提交标准制定工作建议，完成首批19项粮食国家标准外文版编译，为粮食对外合作和粮食贸易提供标准支撑。

撰稿单位：国家粮食和物资储备局标准质量中心

撰稿人：徐广超、张艳、刘卓、魏铭

审稿人：王耀鹏、王正友、孙长坡

二 主要粮食品种收获质量

2020年继续在全国20个省份开展国家级新收获粮食质量调查工作，采集监测样品13917份(其中：小麦2367份、早籼稻597份、中晚籼稻3425份、粳稻4413份、玉米2616份、大豆270份、油菜籽229份)。按照各粮食品种的收获季节，完成了油菜籽、小麦、早籼稻、中晚籼稻、粳稻、大豆、玉米主产区的质量调查工作，基本掌握了2020年新收获粮食质量总体情况，并及时反馈和发布粮食质量和品质信息，为完善粮食收购政策，指导粮食收购提供了重要依据。15个省（自治区、直辖市）粮食和储备行政管理部门组织开展了品质测报工作，共采集样品4200余份，获得检验数据6万余个，并发布了粮食质量品质信息，为当地粮食种植结构调整、服务粮食产业高质量发展提供了数据支撑。

（一）早籼稻

安徽、江西、湖北、湖南、广东、广西6个省份共采集检验59个市的597份样品，主要检验国家标准规定的质量指标。部分产区受洪涝灾害及倒春寒等不利因素影响，早籼稻整体质量水平较低。全部样品检测结果为：出糙率平均值76.5%，近十年来首次降到三等，较正常年景下降一个等级；一等至五等的比例分别为14%、28%、43%、11%、2%，等外品为2%；中等以上的占85%，中等以上比例、一等品比例较正常年景分别下降10和30个百分点。整精米率平均值52.9%，为近年来最低水平；其中不低于44%（对应三等以上）的比例为89%，与往年基本持平；但不低于50%（一等）的比例为53%，较正常年景下降15个百分点。不完善粒平均值5.9%，为近年来最多，主要是病斑粒、未熟粒、生芽粒。

（二）中晚籼稻

安徽、江西、河南、湖北、湖南、广东、广西、四川8个省份共采集检验104个地市的3425份样品，主要检验国家标准规定的质量指标。从调查结果来看，中等以上比例处于正常水平，但整精米率较正常年景略有下降。全部样品检测结果为：出糙率平均值77.6%，中等（即三等，出糙率不低于75%）以上的占92.1%；整精米率平均值57.7%，不低于44%（对应三等以上）的比例为93.4%；不完善粒平均值4.2%。分省份看，河南、广东、广西质量较好；湖北、四川属于正常水平；安徽、江西等级比例下降但整精米率有所提高；湖南质量明显下降。

（三）粳稻

辽宁、吉林、黑龙江、江苏、安徽、宁夏等6个省份共采集检验粳稻质量调查样品共计4413份，涉及58市210县（区）。从调查结果来看，6个省份粳稻整体上质量良好，出糙率和整精米率较高。分省份看，黑龙江、江苏、宁夏属于近年来较好水平；吉林基本持平；辽宁有所下降；安徽中等以上比例明显下降。全部样品检测结果为：出糙率平均值79.8%，中等（即三等，出糙率不低于75%）以上的占92.9%。整精米率平均值64.3%，不低于55%（对应三等以上）的比例为95.8%。不完善粒平均值4.2%。

（四）小麦

河北、山西、江苏、安徽、山东、河南、湖北、四川、陕西等9个小麦主产省份粮食质量调查和品质测报工作，共采集2367份样品。

2020年新收获小麦整体质量安全水平为近十年来最好。一等比例、三等以上比例均为近十年来最高水平；容重、千粒重、降落数值均处于近十年来较高水平；不完善粒率为近十年来最低。全部样品检测结果为：容重平均值795g/L，较上年增加2g/L，变幅641g/

L—848g/L。一等至五等比例分别为65.5%、21.8%、8.9%、2.6%、0.8%，等外品为0.4%；三等以上的小麦占96.2%，一等比例、三等以上比例均为近十年来最高水平。千粒重，平均值44.4g，较上年增加1.3g，变幅20.4g—69.0g。不完善粒率，平均值3.0%，较上年降低0.9个百分点；其中，符合国标要求（不超过8%）的比例为97.0%。降落数值，平均值356秒，较上年增加17秒。

（五）玉米

河北、山西、内蒙古、辽宁、吉林、黑龙江、山东、河南、陕西9个省份共采集检验111个市的2616份样品，主要检验国家标准规定的质量指标。总体上看，质量不如上年，一等比例有所下降，不完善粒有所增加，但整体质量仍属于正常水平。分省份看，河北、山西、陕西玉米质量处于近年来较好水平；内蒙古、山东、河南属于正常水平；内蒙古较上年有所下降；辽宁、吉林处于近年来较低水平；黑龙江为近十年来最低。全部样品检测结果为：容重平均值728g/L，较上年下降10g/L，一等至五等玉米比例分别为71.4%、15.9%、8.6%、3.6%，0.5%，中等（即三等）以上比例为95.9%，较上年略有下降，一等比例较上年下降7.8个百分点。不完善粒含量平均值3.7%，较上年增加0.7个百分点；不超过8%（对应三等以上）的比例为92.3%，较上年下降1.8个百分点。霉变粒含量平均值0.2%，达标（不超过2.0%）比例为97.9%。

（六）大豆

内蒙古、吉林、黑龙江3个省份共采集大豆样品270份，样品覆盖17个市，全部为农户样品。2020年3个省份大豆整体质量正常，完整粒率平均值88.6%，国标中等（即三等，完整粒率不低于85%）以上的占83.0%。损伤粒率平均值5.2%，符合等内品(不高于8%)的比例为83.7%。黑龙江大豆整体质量较好；内蒙古大豆整体质量正常；吉林大豆整体质量为近年来较低水平，中等以上比例较上年当地调查结果下降约10个百分点。3个省份大豆粗蛋白质含量平均值40.4%，符合高蛋白质大豆标准（粗蛋白质含量不低于40%）的比例为56.3%，均为近年来较好水平。粗脂肪含量平均值20.2%，符合高油大豆标准（粗脂肪含量不低于20%）的比例为44.4%，属于正常年景。黑龙江大豆粗蛋白质平均值含量较上年增加0.5个百分点；吉林大豆粗脂肪含量平均值较上年增加近2个百分点；内蒙古大豆粗蛋白质含量平均值较上年增加0.5个百分点，但粗脂肪含量平均值较上年下降0.7个百分点。

（七）油菜籽

江苏、安徽、江西、河南、湖北、湖南、四川等7个省份共采集油菜籽样品229份，样品覆盖7省份41市，全部为农户样品。2020年大部分主产省份在油菜籽生长收获期间，气候适宜，油菜籽整体质量较好。其中，三等以上比例明显高于上年，7个省份三等以上比例平均为82.1%，较上年增加12.7个百分点；未熟粒、热损伤粒较上年略有增加，生霉粒、生芽粒较上年略有下降。江苏省由于油菜籽生长和收获受不良气候影响较大，导致三等以上比例大幅下降，仅占52%，较上年下降48个百分点。全部样品检测结果为：含油量平均值40.6%，较上年增加1.4个百分点，变幅29.2%—49.1%。一等至五等油菜籽比例分别为34.9%、21.4%、25.8%、10.5%、5.7%，等外为1.7%；三等以上的占82.1%，较上年增加12.7个百分点。未熟粒平均值0.7%，符合标准要求（不超过15.0%）比例为99.6%。生芽粒平均值0.4%，符合标准要求（不超过2.0%）比例为98.3%。生霉粒平均值0.3%，符合标准要求（不超过2.0%）比例为98.7%。热损伤粒平均值0.1%，全部符合标准要求(不超过2.0%)。芥酸含量平均值15.8%，变幅0.0%—57.8%；符合低芥酸油菜籽标准（芥酸含量不超过3.0%）的比例为32.8%。

撰稿单位：国家粮食和物资储备局标准质量中心

撰稿人：徐广超、张艳、刘卓、魏铭

审稿人：王耀鹏、王正友、孙长坡

三 优质和专用粮食品种质量

（一）早籼稻

湖北省采集的优质品种样品中，符合《优质稻谷》国家标准的比例为（以下简称达标比例）11.9%，较上年减少8.4个百分点，部分未达标的主要原因是垩白度和食味品质较低。湖南省采集的优质品种样品中，达标比例为14.0%，较上年减少7.0个百分点，由于部分地区遭受洪涝灾害，出糙率较低、不完善粒和杂质含量较高影响了达标率。广东省采集的优质品种样品中，达标比例为29.4%，较上年提高5.6个百分点，部分未达标的主要原因是垩白度较高。广西壮族自治区采集的优质品种中，达标比例为6.9%，部分未达标的主要原因是直链淀粉含量较低和不完善粒率含量较高。

（二）中晚籼稻

湖北省采集的优质品种样品中，达标比例为55.3%，较上年降低4.0个百分点，整精米率较低及不完善粒含量和垩白度较高影响了整体达标率。湖南省采集的优质品种样品中，达标比例为68.0%，不达标原因主要是不完善粒率较高。福建省采集的优质品种样品中，达标比例为49.0%。

（三）粳稻

吉林省采集的优质品种样品中，达标比例为25.0%，各项指标达标率分别为：直链淀粉含量90.6%、食味品质评分100%、垩白度85.6%、整精米率95.6%、不完善粒含量44.4%。

（四）小麦

安徽省采集的优质品种样品中，符合《中国好粮油小麦》（LS/T3109-2017）强筋硬麦占比 4.6%；符合中筋面条小麦占比 21.3%；符合中筋硬式馒头小麦占比 15.7%。湖北省采集的优质品种样品中，符合《优质小麦》国家标准中强筋小麦的比例为 7.7%，部分未达标的主要原因是湿面筋含量和粗蛋白含量较低；符合《优质小麦》国家标准（GB/T17891-2017）中弱筋小麦的比例为 7.7%，部分未达标的主要原因是湿面筋含量较低或稳定时间达标率较低。宁夏回族自治区新收获小麦品质好于上年，烘焙品质评分、最大拉伸阻力和稳定时间均较上年有所提高，粗蛋白含量与上年持平。陕西省新收获小麦以白色硬质冬小麦为主，采集的优质品种样品中粗蛋白含量（干基）平均值 14.1%，符合《优质小麦》国家标准中的强筋小麦比例为 47.5%；湿面筋含量（14%水基）平均值为 30.0%，符合《优质小麦》国家标准中的强筋小麦比例为 21%；降落数值 312 秒，符合《优质小麦》国家标准中的强筋小麦比例为 58%；面团稳定时间平均值 3.0 分钟，符合《优质小麦》国家标准中的强筋小麦比例为 2%，符合《优质小麦》国家标准中的弱筋小麦比例为 50%。

（五）玉米

河北、山西、内蒙古、辽宁、吉林、黑龙江、山东、河南、陕西 9 个省份玉米内在品质指标都属于正常水平。其中，淀粉含量平均值 71.5%，与上年持平；粗蛋白含量平均值 9.1%，较上年减少 0.1 个百分点；粗脂肪含量平均值 4.2%，较上年增加 0.1 个百分点。

（六）大豆

内蒙古、吉林、黑龙江 3 个省份大豆粗蛋白质含量平均值 40.4%，符合高蛋白质大豆标准（粗蛋白质含量不低于 40%）的比例为 56.3%，为近年来较好水平。粗脂肪含量平均值 20.2%，符合高油大豆标准（粗脂肪含量不低于 20%）的比例为 44.4%，属于正常年景。黑龙江省大豆粗蛋白质平均值含量较上年增加 0.5 个百分点；吉林省大豆粗脂肪含量平均值较上年增加近 2 个百分点；内蒙古自治区大豆粗蛋白质含量平均值较上年增加 0.5 个百分点，但粗脂肪含量平均值较上年下降 0.7 个百分点。

撰稿单位：国家粮食和物资储备局标准质量中心

撰稿人：徐广超、张艳、刘卓、魏铭

审稿人：王耀鹏、王正友、孙长坡

四　粮食标准化

（一）完善粮食和物资储备标准化工作管理制度

为发挥标准引领作用，加强粮食和物资储备标准化工作，推动粮食和物资储备事业高质量发展，研究制定了《粮食和物资储备标准化工作管理办法》《粮食和物资储备行业标准化技术委员会管理办法》。两个管理办法的出台，为粮食和物资储备部门依法依规开展粮食和物资储备标准化管理工作提供了基础性制度保障。一方面，进一步完善了粮食和物资储备领域标准的制修订管理以及标准实施与监督检查等相关规定；另一方面，规范了粮食和物资储备行业标准化技术委员会的构成、组建、换届、调整和监督管理等，为下一步成立相关行业标准化技术委员会奠定基础。

（二）持续推进粮食标准制修订工作

一是抓好粮食行业标准立项工作。为进一步完善粮食标准体系，国家粮食和物资储备局办公室下达了2020年第一批粮食行业标准制修订计划，共计48项行业标准制修订计划，主要包括“中国好粮油”系列标准，绿色储藏、检验方法和信息化等相关标准。二是加强粮食标准制修订工作。完成《小麦》《大豆》2项强制性国家标准的审查和报批工作，发布《磷化氢熏蒸技术规程》《储粮害虫防治技术规范》等33项粮食标准，面向社会公开征求《粮食和物资储备标准制定、修订程序和要求》《优质小麦》《中国好粮油稻谷》等46项标准的意见，完成《小麦粉》《食用调和油》《牡丹籽油》《青稞》等14项标准和《起酥油》标准修改单的审查。三是优化粮食行业标准结构。为解决目前粮食标准中结构不合理、标准之间重复交叉，以及标准时效性和适用性较差等问题，2020年10月，按照程序对于目前粮食标准中无实施价值的、已有国家标准的、使用较少的标准予以废止，共废止39项行业标准。

（三）开展粮油产品企业标准“领跑者”活动

为进一步激发市场活力和行业企业创新能力，不断提高粮油产品质量，释放企业标准公开效应，在小麦粉、大米、杂粮、食用植物油等领域组织开展粮油产品企业标准“领跑者”活动。经征集评估机构、遴选评估机构、检测机构复核、评估结果公示等环节，确定了30家企业的48项企业标准为2020年粮油产品企业标准“领跑者”。为加强粮油产品企业标准“领跑者”的影响力，在世界粮食日活动主会场公开发布2020年粮油产品企业标准“领跑者”名单，同时在第三届粮食交易大会集中展示了相关粮油产品。

（四）加强标准化相关知识培训宣贯

为满足粮食和物资储备系统对标准化相关知识的需求，2020 年 6 月 4 日至 5 日，采用视频在线直播的方式举办了两期标准质量云讲堂。云讲堂紧跟标准化改革重点，邀请权威专家对《地方标准管理办法》《关于进一步加强行业标准管理的指导意见》和企业标准化改革与趋势、企业和评估机构如何参与企业标准“领跑者”评价等内容进行了细致讲解。各省粮食和物资储备局（粮食局）、各垂直管理局，以及部分粮油企业、科研院所、高校等 1000 余人报名参加培训。

（五）开展粮食标准国际化工作

1. 持续推进谷物与豆类国际标准制修订

一是积极组织国际标准制定。2020 年，国际标准化组织（ISO）谷物与豆类分委员会发布 5 项国际标准，开展 10 项标准制修订工作，复审 5 项标准，为粮食国际贸易和质量管理提供准确、可靠、适用的检测方法。二是提升分委员会影响力。ISO 谷物与豆类分委员会秘书处代表 ISO 参加了国际食品法典标准《推荐的分析和抽样方法》(Codex 234）修订工作，推动粮食领域两大国际组织标准协调衔接。10 月 16 日是第 40 个世界粮食日，为宣传国际标准对促进粮食贸易、推动节粮减损等方面的积极作用，秘书处推动 ISO 在世界粮食日发布主题新闻“Ensuring no one goes hungry on World Food Day（成就一个没有饥饿的世界粮食日）”，其中介绍了 ISO 6322 粮食储藏系列标准，该标准提出了粮食安全储藏的技术要求，对于共享知识、减少粮食产后损失具有重要意义。

2. 为粮食国际标准体系贡献中国方案

积极推进我国特色粮油产品、粮食储藏、检测新方法等技术纳入国际标准体系。组织国内专家牵头制定《植物油中黄曲霉毒素的测定》国际标准，这是我国在食用油领域开展的第一项国际标准，有 7 个国家提名 11 位专家参与该标准制定。《谷物储存的一般建议》《高粱中单宁含量的测定》《谷物中镉含量的测定》等 3 个项目推进至委员会草案阶段。向国际食品法典委员会提交《油茶籽油》标准建议，提高国际市场对油茶籽油认知度，推动我国高端食用油出口。

3. 推动粮油内外贸质量标准协调衔接

开展粮油国家标准外文版编译。为加强规则标准“软联通”、提高粮食标准的国际化水平，组织《小麦》等 4 项强制性国家标准编译工作，提交 9 项推荐性国家标准外文版立项申请。根据粮食加工机械出口需求，完成 19 项国家标准外文版报批稿，这是粮食行业首次开展外文版审定。瞄准国际提高水平，向国家标准委提交《植物油中 3- 氯丙醇脂肪酸酯和缩水甘油脂肪酸酯》等 7 项国际标准采标建议。

撰稿单位：国家粮食和物资储备局标准质量中心

撰稿人：徐广超、张艳、刘卓、魏铭

审稿人：王耀鹏、王正友、孙长坡

五　团体标准

中国粮油学会作为国家标准委第二批团体标准试点单位，认真梳理总结 2018 年以来开展团体标准试点工作的经验和成果，形成典型案例，顺利完成试点验收。通过加强顶层设计和过程管理，团体标准工作逐步取得实效。2020 年形成“搭建粮油产业链团体标准框架体系的调研”报告，分析了粮食领域团体标准现状和需求，提出了建立体系框架的初步设想；组织召开了团体标准立项及技术审查等工作会 11 次，新立项标准 39 项，正式发布标准 36 项，引领多元化、个性化粮油产品开发，满足人民对高质量粮油产品的需求，为提升粮食产业竞争力提供有效服务。一是坚持“需求导向”原则，开展团体标准项目征集。第五批团体标准共收到立项申请材料 62 份，是中国粮油学会开展团体标准工作以来征集项目最多的一次。二是持续推动团体标准宣贯，提升团体标准影响力。《浓香菜籽油》是我国首个风味类油脂的标准，满足了占全国菜籽油约 30%市场份额的产品需求，被国内 20 余家大中型企业应用。大力开展《浓香菜籽油》等 4 项标准的宣贯推广，对标准技术指标进行深入解读，推动团体标准贯彻实行，推进相关领域粮油产品高质量发展。三是结合团体标准工作，扩展标准评估范围。在国家粮食和物资储备局开展的首次粮油产品企业标准“领跑者”活动中，中国粮油学会作为“菜籽油、葵花籽油、芝麻油”三类食用植物油企业标准领跑者的第三方评估机构，组织专家开展企业标准水平评估，共 8 家企业的 11 项企业标准入选企业标准“领跑者”名单。

撰稿单位：中国粮油学会

撰稿人：王莉蓉、魏然、左巍

审稿人：王莉蓉

第六部分

粮食流通体系建设

一 粮食仓储物流体系

2020 年，国家有关部门按照《粮食行业“十三五”发展规划纲要》《粮食物流业“十三五”发展规划》《粮食收储供应安全保障工程建设规划(2015—2020 年)》《乡村振兴战略规划(2018—2022 年)》的安排部署，完善现代粮食仓储物流体系。国家发展和改革委员会安排粮食安全保障调控和应急设施专项中央预算内投资 40 亿元，其中，支持中央粮食企业项目 40 个，安排投资 12.58 亿元，支持 28 个省(自治区、直辖市)及计划单列市项目 226 个，安排投资 27.42 亿元。加大对夏粮、秋粮仓容缺口省份仓储设施建设的支持力度，加强粮食应急能力建设，提升建设标准，力求解决粮食仓容缺口、设施布局和结构不尽合理、粮食存储损耗等问题，切实守住管好“天下粮仓”。项目建成后，可新增粮食仓储、周转、应急储备等各类仓容规模超过 590 万吨，有效弥补仓容缺口省份储备能力。

撰稿单位：国家粮食和物资储备局规划建设司

撰稿人：展圣洁

审稿人：钱毅、张保国、晁铭波

二 粮食应急保障体系

（一）粮食应急预案体系基本形成

自 2005 年国务院办公厅印发《国家粮食应急预案》以来，国家粮食和物资储备局（原国家粮食局）加强统筹协调，完善顶层设计，狠抓责任落实，推动建立并形成了覆盖全面、管理规范的中央、省、市、县四级粮食应急预案体系。全国各省（自治区、直辖市）及地级市均制定了粮食应急预案，2455 个县制定了县级预案。2020 年，全国共开展省、市、县级预案演练 1895 次，组织预案培训 2381 次，分别较 2019 年增长 7.8%和 8.7%。

（二）粮食储备基础进一步夯实

各地认真落实粮食安全省长责任制，增强底线思维，严格落实国务院下达的地方储备规模，着力解决市、县储备粮落实不到位、布局不合理的问题。按照 2020 年 7 月国家发展和改革委员会、国家粮食和物资储备局等部门联合出台的加强地方储备粮管理指导意见，各地全力推进充实 36 个大中城市主城区及市场易波动地区成品粮储备规模。同时，各级政府还建立了充足的小麦、稻谷原粮储备，口粮供应有可靠保障。

（三）粮食应急保供网络日趋完善

各地结合实际，逐步建立起布局合理、设施完备、运转高效、保障有力的粮食应急保供网络。全国共有粮食应急供应网点 43573 家、粮油应急加工企业 5448 家、粮油应急储运企业 3741 个、粮油应急配送中心 2777 个。

（四）粮食应急保障监测能力稳步提升

全国共设立了超 1.1 万个各级粮食市场信息监测点，基本覆盖重点区域和重点品种，能够密切跟踪粮食供求变化和价格动态。为进一步掌握紧急状态下粮油市场应急保供情况，在总结疫情防控期间粮油市场数据信息报送经验基础上，建立粮食应急保障信息直报系统，定期更新数据，提高数据报送和采集效率，优化统计分析功能，为粮食应急工作持续高效推进奠定基础。

各地各部门扎实开展粮食应急保障工作，全国粮食应急保障体系建设初见成效，在应对各类突发事件时发挥重要作用。尤其是在此次抗击新冠肺炎疫情中，各级粮食部门认真落实党中央、国务院关于“保粮食能源安全”的“六保”任务要求，全面提升粮食安全保障能力，防范化解粮食领域重大风险，牢牢守住了粮食安全防线，有力维护了社会秩序、经济秩序稳定。

撰稿单位：国家粮食和物资储备局安全仓储与科技司

撰稿人：崔韫慧

审稿人：王宏、邱永峰、陈林

三　深入推进优质粮食工程

自 2017 年优质粮食工程实施以来，中央财政连续四年累计安排补助资金近 215 亿元，带动地方各级财政和社会投资 600 多亿元，聚焦推动延伸粮食产业链、提升价值链、打造供应链“三链协同”，促进优粮优产、优购、优储、优加、优销“五优联动”，统筹推进粮食产后服务体系、粮食质量安全检验监测体系、“中国好粮油”行动计划三个子项建设，各地聚焦目标任务，精心谋划实施，有力推动了优质粮食工程落地见效。截至 2020 年底，各地重点实施 9238 个项目，其中已开工建设 8888 个、完工 7798 个，开工率 96.2%、完工率 84.4%，除 2020 年项目，均基本完工或进入收尾阶段。

注重发挥典型示范引领作用，培树安徽“阜南样板”、浙江“湖州模式”等一批优质粮食工程典型经验，2020 年重点支持龙头企业在 64 个国家级贫困产粮县推广阜南经验，实施优质粮食订单200多万亩，推动贫困地区粮食产业高质量发展，为保障国家粮食安全作出应有的贡献。2020年9月26日至27日，国家粮食和物资储备局在浙江省湖州市召开全国深入推进优质粮食工程加快粮食产业高质量发展第一次现场经验交流会，推出可复制可推广的先进典型，引导因地制宜、创新创优，转型升级、提质增效，推动优质粮食工程取得新的更大成效。

优质粮食工程实施以来，在深化农业供给侧结构性改革、粮食收储制度改革，搞活粮食流通、促进农民增收、提升品牌影响力、引导健康消费等方面成效显著。粮食产业高质量发展由点及面、全面推开，一大批骨干企业做优做大做强，一大批特色园区集聚集约发展，一大批区域品牌形成较高知名度美誉度，实现了粮食增产与提质并重，成为兴粮之策、惠农之道、利民之举。

（一）推进粮食产后服务体系建设

粮食产后服务中心依托现有经营业态和资源，向种粮农民等经营主体提供粮食收获后必要的计量、检化验、清理、干燥、收储、加工和销售等服务，给有需求的农户配置科学储粮装具，促进粮食提质进档、推动节粮减损、增强议价能力，促进农民增收。截至2020年底，规划建设粮食产后服务中心5300多个，已建设完成5000余个；规划配置农户科学储粮仓近60万套，已完成约50多万套。除中央财政支持建设项目的26个省份外，上海和海南等通过政府补贴资金，积极建设粮食产后服务中心，满足当地农民对粮食烘干的需求。

（二）推进质检体系建设

优质粮食工程粮食质检体系建设项目总投资逾60亿元，30个省份（天津未申报项目）和新疆生产建设兵团新建及改造提升粮食质量安全检验机构和粮食企业检化验室1500余个。各项目建设单位累计增加检验参数2.9万个，月均检验样品数量增加2.6万个，实验室用房建筑面积增加22.4万平方米，配置仪器设备3.5万台套。多数项目建设单位在检验场所、仪器设备、配套设施等方面实现全面改造升级，基本满足了当地粮食质量安全检验需要。在当地粮食和储备行政管理部门指导下，项目建设单位不断完善运行机制，积极拓展服务范围，在服务政府、服务监管、服务产业、服务农户等方面发挥了重要作用。2020年累计检验样品81.0万份，对守住管好“天下粮仓”的质量安全发挥了重要技术支撑作用。涌现了一批以青岛市站为代表“加强入市把关，保障‘米袋子’质量安全”，以湖北省中心为代表“推进品质测报，服务种粮农户”，以宜宾市站为代表“服务龙头企业，促进产业发展”等形式多样、各具特色的典型单位，为粮食质量安全检验机构完善运行机制、创新改革发展提供了可复制、可推广的多种模式。

（三）推进实施“中国好粮油”行动计划

1. 优质优价机制逐步形成

累计扶持389个示范县和1200多个示范

企业，示范县和示范企业立足本地优势，突出区域特色，加大优选和推广优质粮种力度，积极推行连片种植、规模化经营和订单收购，粮食种植结构进一步优化，优质优价机制逐步形成。全国优质粮食累计增加超过4700万吨，促进农民增收近200亿元，农民种植优质粮食的积极性明显增强。在突如其来的新冠肺炎疫情中，以“中国好粮油”示范企业为代表的粮油生产企业积极复工复产，保供稳价，彰显责任担当，增强了粮食产业抗风险能力。

2. 优质粮油产品供给明显增加

在“中国好粮油”行动支持引导下，许多粮食经营企业实行仓储规范化管理，按照粮食品种及等级分仓储存，提升精细化作业水平，有力地保障了优质粮食的储存品质。同时，部分示范企业大力推广粮油产品适度加工，加大生产设施技改力度，提高粮食加工智能化水平，提升了生产效率和产品品质，在满足群众粮油消费由“吃得饱”向“吃得好”转变的同时，在更高层次上促进节粮减损，助力保障粮食安全。

3. 优质粮油标准体系更加健全

各级粮食和储备部门、示范县（市）和示范企业，根据区域特点，结合品牌建设，积极研究建立优质粮油产品及加工标准，共制定并发布了“中国好粮油”系列标准12项，地方“好粮油”标准百余项。各项标准从食品安全指标、品质指标、追溯信息、标签标识等方面，对优质原粮和粮油成品提出了要求。以“中国好粮油”系列标准和省级“好粮油”标准为基础，通过分级遴选机制，2020年度共遴选出1969个省级“好粮油”产品和236个“中国好粮油”产品。

4. 优质粮油品牌影响力扩大

示范县和示范企业积极推进“互联网+粮食”行动，发展粮食电子商务和新型零售业态，建立线上线下交易平台的同时，多渠道、多方式创建粮油品牌。“中国好粮油”图形证明商标已申请注册，各地创建14个省级区域公用品牌和数十个具有地理标识的区域特色品牌；企业更加注重挖掘企业文化和产品品质特质，打造企业品牌和产品品牌，四位一体的品牌建设体系逐步形成，消费者对于优质粮油的认知度和认可度迅速提高。

5. 服务地方经济发展效果逐步显现

示范县发挥粮油资源优势，通过示范企业引领粮食产业聚集发展，实现就地就近加工转化，加工增加值更多地留在县域，有效促进了粮食主产区经济发展，好粮油示范企业得以快速成长。在深入推进优质粮食工程过程中，探索出粮食产业助力乡村振兴的“阜南样板”和五优联动的“湖州模式”，形成了一批可复制推广的先进典型，粮食产业优质化、特色化、品牌化发展趋势显现。

撰稿单位：国家粮食和物资储备局规划建设司、安全仓储与科技司、标准质量中心、科学研究院

撰稿人：樊利楠、杨道兵、夏丹萍、尹诗文、窦幽璇、欧阳姝虹

审稿人：钱毅、王宏、王耀鹏、张保国、晁铭波、张成志、齐朝富、王旭、周明慧

专栏7 粮安工程

2013年“粮安工程”全面实施以来，在各级发展改革和财政部门的大力支持下，粮食部门切实加强组织领导和统筹协调，全力推进“粮安工程”建设，取得了明显成效。

一是粮油仓储设施建设方面。2013—2020年，累计安排中央预算内投资约220亿元，安排1900多亿斤粮食仓储设施建设任务，粮食收储能力大幅提升，布局不断优化，为粮食收储奠定了坚实的物质基础。同时，2013—2017年，中央财政累计补助100多亿元用于“危仓老库”粮库维修改造和粮库智能化升级改造，极大改善了粮食仓储设施条件，提高了粮食行业信息化管理水平，有效保障了粮食收储安全。

二是粮食物流通道建设方面。2013—2020年，累计安排中央预算内投资100多亿元，建设和配置了一大批散粮设施，八大跨省粮食物流通道更加完善，“两横六纵”八条重点线路更加顺畅，在重要枢纽节点布局建设了一批集粮食仓储、物流、加工、交易等功能于一体的粮食物流园区，辐射带动和调拨集散能力明显提升，散粮运输比例稳步提升，粮食物流效率明显提升。

三是应急供应体系建设方面。2017年，国家发展和改革委员会、原国家粮食局联合印发了《粮食安全保障调控和应急设施中央预算内投资专项管理办法》，将粮食应急体系建设项目纳入中央预算内投资支持范围。国家还建立了粮食应急网络体系，目前有5448家粮油应急加工企业，2777个应急配送中心，3741家应急储运企业，43573个应急供应网点，涵盖加工、配送、储运、供应的粮油应急供应体系进一步完善。

四是粮油质量安全能力建设方面。2011—2015年，累计安排中央预算内投资10亿元，用于粮食质量安全检验监测能力建设；2017年，财政部和原国家粮食局启动实施优质粮食工程，对粮食质量安全检验监测体系建设给予支持，提升粮食质量安全检验机构和粮食企业检化验室粮食检验监测能力，“十三五”期间累计检验粮食样品超过250万份，为保障国家粮食质量安全发挥了重要的技术支撑作用。

五是粮食节约减损方面。2013—2016年，累计安排中央预算内投资约9亿元，为400多万农户配置科学储粮装具，使农户存粮环节损失浪费有效减少。2017年起，通过优质粮食工程，对粮食产后服务体系建设给予中央财政支持，为种粮农民提供“代清理、代干燥、代储存、代加工、代销售”等“五代”服务，并同步实施农户科学储粮建设。同时，随着现代粮食仓储物流体系的不断完善，粮食储存、运输环节的损耗明显降低，品质保障能力不断提高。另外，积极引导粮油加工企业节粮减损，持续推进爱粮节粮宣传活动，对促进全社会节粮减损、反对浪费发挥了重要作用。

撰稿单位：国家粮食和物资储备局规划建设司

撰稿人：展圣洁

审稿人：钱毅、张保国、晁铭波

第七部分

粮食流通体制改革

一 粮食流通体制改革概述

坚决贯彻落实中央全面深化改革委员会第八次会议审议通过的《关于改革完善体制机制加强粮食储备安全管理的若干意见》，着眼保障国家粮食安全，精心谋划安排，加强督导核查，确保粮食储备安全管理改革任务扎实推进。改革配套文件陆续印发实施，粮食储备安全管理制度逐渐完善，粮食储备安全管理改革取得积极进展。以深入推进农业供给侧结构性改革为主线，坚持市场化改革取向和保护农民利益并重，持续深入推进粮食收储制度改革。立足粮食安全治理现代化的要求，坚持立法先行，明确“一法两条例”法律体系建设目标，推动立法修规取得实质性进展。加速推进《粮食安全保障法》立法进程，相关工作取得重要阶段性进展。《粮食流通管理条例(修订草案)》经国务院常务会议审议通过，为维护流通秩序、保障粮食安全提供了强力支撑。《粮食储备安全管理条例》正式向社会公开征求意见。各地积极修订省级地方性法规规章，粮食安全依法治理的制度环境进一步优化。认真落实党中央、国务院关于压实粮食安全省长责任制的决策部署，不断完善考核方案和指标体系，各级政府保障粮食安全的责任意识显著提高，领导重视、政策支持和推动力度明显加大，压实粮食安全重任新机制逐步建立。

撰稿单位：国家粮食和物资储备局法规体改司

撰稿人：张亚奇、王镭

审稿人：周海佳

二 粮食储备安全管理改革

中央全面深化改革委员会第八次会议审议通过《关于改革完善体制机制加强粮食储备安全管理的若干意见》，以服务宏观调控、调节稳定市场、应对突发事件和提升国家安全能力为目标，科学确定粮食储备功能和规模，改革完善粮食储备管理体制，健全粮食储备运行机制，强化内控管理和外部监督，加快构建更高层次、更高质量、更有效率、更可持续的粮食安全保障体系。全国粮食和物资储备系统坚决贯彻党中央、国务院决策部署，着眼保障国家粮食安全，切实提高政治站位，迅速传达学习领会，确保粮食储备安全管理改革任务扎实推进，着力推动粮食储备体系和能力现代化。国家层面精心谋划安排，加强督促指导，强化协调会商，粮食储备结构布局不断调整优化，安全管理体制机制逐步完善，配套文件有序出台，夯实了粮食储备安全管理的制度基础。各地深入学习贯彻落实《关于改革完善体制机制加强粮食储备安全管理的若干意见》精神，凝聚思想共识，担当职责使命，积极应对疫情影响，抓紧抓实粮油保供稳价，因地制宜制定出台实施意见，持续抓好试点探索和典型示范，推动改革举措落地落细落实，地方储备规模不断充实，粮食安全管理责任压紧压实，粮食储备安全区域保障水平和应对突发事件能力显著提升。

撰稿单位：国家粮食和物资储备局法规体改司

撰稿人：张亚奇、王镭

审稿人：周海佳

三　粮食安全省长责任制考核

2020 年，国家粮食安全省长责任制考核工作组各成员单位按照第五次联席会议部署，切实加强组织领导，密切沟通配合，圆满完成了 2019 年考核工作。8 月，国家考核工作组成员单位联合向各省级人民政府印发了《关于认真开展 2020 年度粮食安全省长责任制考核工作的通知》，强化对《关于 2020 年度认真落实粮食安全省长责任制的通知》确定的五个方面重点任务的考核。各省（自治区、直辖市）按照国家考核工作组的部署要求，扎实开展工作，取得了积极成效。

（一）切实加强组织领导

各省（自治区、直辖市）高度重视粮食安全省长责任制考核工作，加大组织领导力度。北京市引入第三方机构进行数据核验，并将考核事项纳入市政府对区政府绩效考核。河北、江苏等多个省份省委主要领导多次作出批示，多次组织召开省委常委会议、专题会议，安排部署粮食安全相关工作，深入市县调研指导。山西、内蒙古等多个省（自治区、直辖市）与地方签订责任书，逐级压实粮食安全责任。黑龙江、湖北等多个省（自治区、直辖市）将粮食安全省长责任制落实情况纳入省级政府或党政领导班子绩效考核，其他一些省份也在积极推动纳入。

（二）强化日常监督考核

各省（自治区、直辖市）考核工作机制进一步健全，上传下达、协调左右的作用充分发挥。各地逐步完善粮食安全省长责任制落实台账制度，及时调度重点任务完成情况。对工作进度慢、工作质量不高、重点任务落实不力的，立即进行督导。国家考核办及时掌握各地动态，对考核工作的部署会议、领导调研、典型做法、先进经验以及落实省长责任制的突出成效，编印工作简报供各地学习借鉴。通过以点促面，营造氛围，形成合力，进一步强化日常监督考核工作。

（三）认真开展考核自评

2020年7月27日，国家粮食安全省长责任制考核工作组高规格组织召开全国粮食安全省长责任制考核工作动员部署视频会议，中共中央政治局委员、国务院副总理、中央农村工作领导小组组长胡春华同志出席会议并作重要讲话，各省（自治区、直辖市）人民政府主要负责同志和分管负责同志在分会场参加会议。会议对深入贯彻落实习近平总书记重要指示精神，全面促进粮食安全省长责任制落实作出部署。为及时贯彻落实中央领导最新指示批示精神，敦促各地按时高质量完成自评，国家考核办对任务落实、时间节点、完成时限、工作纪律等提出明确要求。各省（自治区、直辖市）及时制定考核工作方案，梳理和分解考核事项，明确责任部门和具体要求，确保考核工作扎实有序推进。2020年度省级自评最突出的新亮点：一是自评时间大大提前。按照省级自查提前一个月完成的要求，将全面完成2020年度省级自查评分工作的时限从以往每年4月底提前至2021年3月底之前完成；二是印发自评补充通知。为认真落实习近平总书记在中央农村工作会议上的重要讲话精神，及时对体现粮食安全党政同责新要求进行了专项部署。各省（自治区、直辖市）面对新形势、新任务、新要求，努力克服时间紧、任务重的困难，主动作为、靠前站位、扎实推进，按时完成自评工作，为下一步工作打下坚实基础。

（四）考核“指挥棒”作用凸显

通过考核，各地粮食安全责任意识进一步增强，大多数省份将粮食安全工作写入政府工作报告或列入政府年度重点工作，省级政府主要领导同志和分管负责同志专题研究部署、督导落实力度明显加大，补齐了一些长期影响粮食安全工作的“短板”，粮食综合生产能力、储备能力、流通能力建设全面推进。实践证明，加强粮食安全省长责任制考核，是夯实地方政府粮食安全责任，加快构建新形势下的粮食安全保障体系的有效手段，必须坚定不移地持续开展下去。

撰稿单位：国家粮食和物资储备局执法督查局

撰稿人：展飞、闫飞

审稿人：唐茂

四　粮食收储制度改革

国家有关部门认真落实党中央、国务院有关决策部署，以深入推进农业供给侧结构性改革为主线，坚持市场化改革取向和保护农民利益并重，继续深入推进粮食收储制度改革。一是经国务院批准，配合有关部门公布了2020年稻谷和2021年小麦最低收购价格水平，其中2020年粳稻保持上年水平不变，早籼稻、中晚籼稻每斤提高1分钱，2021年小麦每斤提高1分钱，积极释放市场信号，调动农民种粮积极性。二是督促指导各地不断增强市场化意识，优化营商环境，加强市场研判和监测，提高运力和仓容保障水平，充分发挥中央企业和地方大型骨干企业引领带动作用，引导多元主体积极入市，多措并举抓好市场化收购。

撰稿单位：国家粮食和物资储备局粮食储备司

撰稿人：李洵、耿晓頔、董琦琦、胡兵、孟凡璠、毕一卓

审稿人：秦玉云、唐成

五　国有粮食企业经营与管理

（一）基本情况

一是企业户数和人员继续精简，结构进一步优化。2020年末，纳入汇总范围的国有粮食企业1.1万户，从业人员34万人。随着国有粮食企业深化改革、转型发展的深入推进，企业结构不断优化，改革发展质量效率不断提升。二是职工收入连年增加，切身利益得到保障。2020年，国有粮食企业职工年平均工资收入8.5万元，增幅3.5%。绝大部分职工都参加了基本养老保险、基本医疗保险等，职工切身利益得到较好保障。

（二）资产情况

一是资产和负债“双减少”，负债减幅大于资产减幅，净资产增加，盈利水平提高，企业实力不断增强。截至2020年末，全国国有粮食企业资产总额2.3万亿元；净资产0.4万亿元，同比增长10%。二是仓储物流设施等固定资产和土地资产“双增加”，保障国家粮食安全的能力持续增强。各地国有粮食企业克服新冠肺炎疫情影响，加大投资力度，深入实施优质粮食工程、粮食等重要农产品仓储设施中央预算内投资专项等行业重大项目建设，

2020 年末固定资产净额和在建工程之和达到 2894.6 亿元，增幅 1%。固定资产中，2020 年末土地、房屋及构筑物等合计 2453.2 亿元。

（三）经营情况

实现连续十四年统算盈利，继续保持良好发展态势。2020 年，全国国有粮食企业主营业务收入 10456.4 亿元，实现利润总额 175.4 亿元，同比增长 33.2%。分地区看，27 个省（自治区、直辖市）实现统算盈利，其中广东、黑龙江、北京、江苏、上海、安徽、浙江、天津、甘肃、陕西、新疆、云南、河北等 13 省（自治区、直辖市）盈利超亿元。

撰稿单位：国家粮食和物资储备局财务审计司

撰稿人：张雷

审稿人：刘翔宜

第八部分

节粮减损与支援地方

一 节粮减损行动

2020年8月，习近平总书记对制止餐饮浪费行为作出重要指示。为推进节粮减损工作提供了根本遵循。我国粮食连年丰收，粮食安全的物质基础进一步夯实，但粮食生产、流通到消费各环节均存在损失浪费，大力促进节粮减损反对粮食浪费，是新形势下保障国家粮食安全和增加粮食有效供给的迫切需要，是弘扬中华民族勤俭节约传统美德、培育和践行社会主义核心价值观、加快建设资源节约型环境友好型社会的重要举措。

（一）强化节粮减损法律规范建设

在修订的《粮食流通管理条例》中明确节粮减损的必要性，突出推进粮食减损工作责任主体，强化依法管粮，促进节粮减损。协助全国人大法工委牵头起草《反对食品浪费法》，突出粮食产后减损的必要性，明确减损具体举措。参加全国人大常委会召开的珍惜粮食、反对浪费专题调研动员部署会，提供粮食行业节粮减损工作经验和成效。

强化制度管粮和技术管粮相结合，严格执行《粮油仓储管理办法》和《粮油储藏技术规范》等制度标准，以及《粮油储存安全责任暂行规定》《粮油安全储存守则》《粮库安全生产守则》等，深入落实储粮质量安全责任制和各项管理措施，确保储存粮食数量、质量和卫生安全。加强粮食加工标准的宣传贯彻和实施工作，推进适度加工等相关标准制修订，完善粮油标准体系建设，强化以标准制修订工作促进节粮减损。修订《大米》标准，增加“精碾”“适碾”等定义，适当调整加工精度，践行绿色发展理念，减少大米碾压中的过度加工损失。完善植物油适度加工标准体系，并开展大米、小麦粉加工精度实物标准的研究工作，减少过度加工损失，最大限度地保留食物中的营养。持续推进《健康谷物及其产品术语》《易煮全谷物》《全麦挂面》等粮油标准制修订工作，进一步引导适度加工。

（二）强化节粮减损政策导向

国家粮食和物资储备局办公室印发《关于带头贯彻落实习近平总书记重要指示精神坚决制止餐饮浪费行为的实施意见》，从加强宣传教育，坚决制止机关食堂浪费、严格公务活动用餐管理等五个方面，细化落实习近平总书记重要指示精神。国家粮食和物资储备局机关党委转发中央和国家机关工委《带头制止餐饮浪费切实培养节约习惯建设风清气正的政治机关——致中央和国家机关广大干部职工的一封公开信》，号召机关党员干部带头落实习近平总书记指示精神，践行厉行节约、反对浪费。印发《国家粮食和物资储备局关于进一步加大力度推进节粮减损工作的通知》，从五个方面部署全行业全系统全方位推动节粮减损工作，发挥粮食部门的示范带头作用。开展粮食产后服务体系建设，发放农户科学储粮装具，帮助农民减少粮食产后损失。

（三）强化节粮减损科技创新成果应用

一是提升粮食仓储科技水平。粮食储藏横向通风新工艺、横向负压谷冷通风新工艺、粮食循环和连续控速干燥工艺及控制系统。研制了30t/批次循环干燥机、300t/d连续控速干燥机、粮堆微波水分快速精准探测仪器，修制定了《粮食储藏储粮机械通风技术规程》《平房仓横向通风技术规程》《粮油检验储粮真菌的检测——孢子计数法》等3个行业标准。目前，以新型平房仓横向通风系统为主，配套分体式谷冷通风、温湿水多参数粮情检测、多介质（环流充氮和食品级惰性粉等）害虫防治技术，实现了储粮进出仓作业机械化和仓储工艺技术的双重突破和提升。

二是提升农户储粮技术水平。聚焦制约我国农户储粮技术瓶颈的规模化农户储粮技术、农户储粮物流关键节点、农户储粮信息平台技术，重点研究了大农户农村粮食物流及综合技术，农村粮食物流和节点关键设备，建设了农村粮食物流信息平台，并提出大农户储粮技术模式，以及农村粮食物流技术标准，还针对吉林、辽宁、黑龙江、湖南等地区种粮大户粮食储藏技术需求，研发出区域性种粮大农户使用的储藏安全水分农户储粮粮仓以及配套的设备和技术工艺，并已推广应用，助力解决“地趴粮”问题。

三是提升储粮药剂科技水平。高效生物杀虫剂多杀菌素的发酵生产技术已在国内最大的生物农药生产企业成功实现中试放大生产和技术转让，具备工业化生产能力。成果在湖北、江苏、湖南、广东、安徽等地储备粮库开展了实仓应用试验，减少了化学药剂的使用。

四是提升粮食物流减损技术水平。研发了铁路专列运输关键物流技术及配套装备、浅圆仓智能进仓布粮装置和机械化出仓装置、平房仓“净粮”入仓系统和机械化平房仓刮平机、粮食内河运输高效中转装卸技术与装备、移动式粮食物流设备安全性设计规范、“北粮南运”过程高水分粮食品质劣变规律及监测控制技术、粮食行业余热回收和余热多用途利用技术等。开发了基于RFID的库内运输车辆及移动作业设备联动技术装备，提高了粮食流通效率的同时，控制损失发生。

五是提升粮食库存质量在线监测技术水平。开发了粮库专用虫害、霉菌、气体、水分以及氧气、磷化氢电化学气体传感器，以及用于保证粮食质量安全的粮库视频图像智能理解技术。储粮害虫与霉菌（气体）一体（集成）检测仪器、粮仓复合气体监测系统、粮仓取样分析用抽虫抽气周期性选通装置、粮食仓储电化学氧气、磷化氢传感器、粮情微波水分检测系统、粮食仓储智能视频监控集成系统等成果，目前已在“智慧粮库”建设中应用。

（四）开展节粮减损重点项目科技攻关

“十三五”国家重点研发计划“现代食品

加工及粮食收储运技术与装备”重点专项，布局粮食安全仓储技术开发和集成，以及大宗米制品、大宗面制品、大宗油料、特色油料适度加工关键技术装备研发与示范，并组织行业科研团队牵头项目研究任务，开展节粮减损领域的科技创新开发及成果推广。开发了粮仓隔热和安全储藏技术，进一步减少粮食仓储环节粮食损失；开发了粮食收储保质降耗关键技术搭建粮情监测监管云平台，进一步优化了横向通风工艺并推进标准化；粮食产后“全程不落地”技术模式示范工程，适配物流和信息技术装备、干燥技术装备、质量安全检测技术及仪器装备，助力解决了我国粮食产后收储清理、干燥、暂存、质量检测等技术装备的落后、粉尘环境污染严重、粮食损坏大等突出问题；散粮集装箱质量安全运输模式、多工位快速装卸技术与装备、保质运输技术与装备、无线射频技术（RFID）、库存粮食识别代码、多参数粮情检测技术与装备等聚焦流通减损的粮食物流技术，为减少在途粮食损失提供技术解决途径；大米加工精度在线检测仪样机、自动化碾米机组及其控件、内源营养米砂带碾磨设备、全谷物糙米高温流化品质改良装置等一系列成果，减少加工过程损失取得明显效果；大宗面制品、油料适度加工关键技术装备的研发与示范，为减少粮油加工损失提供技术方案。

（五）扎实推进节粮减损工作举措

粮食行政管理部门大力推动建立健全政府主导、需求牵引、全民参与、社会协调推进的体系机制，统筹各类相关主体，从技术研发应用、宣传教育、标准规划、管理机制、投资引导等方面，指导粮食收获、仓储、运输、加工、消费等各个环节减损工作。在政策对话、技术推广、项目示范、人员交流等方面开展务实合作，引进国外节粮先进技术和管理经验，提高减损水平。实施农户储粮专项，进一步夯实粮食基础，支撑构建多层次粮食储备体系。实施绿色仓储提升行动，对现有仓房硬件进行改造，支持建设绿色低温仓储设施，提高仓房的气密性、隔热性，分类、分品种、分仓储藏，推广防霉抑菌技术，进一步降低粮食损耗，提升粮食品质，促进农民增产增收。加强仓储物流体系建设，推广粮食物流减损技术。发挥市场主导作用加强标准引领，推动适度加工相关技术标准制修订，强化节粮减损科技创新和成果推广。以世界粮食日和全国粮食安全宣传周、粮食和物资储备科技活动周等主题活动为契机，发挥粮食安全宣传教育基地作用，全面开展节粮减损技术宣传，加强爱粮节粮宣传教育，普及节粮减损知识，大力倡导科学文明消费、健康营养饮食方式，弘扬优良传统，歌颂节俭美德，营造“爱惜粮食光荣，浪费粮食可耻”的浓厚氛围。

撰稿单位：国家粮食和物资储备局安全仓储与科技司

撰稿人：姚磊

审稿人：王宏、张成志、王旭

二　粮食安全宣传教育

2020年，国家粮食和物资储备局认真贯彻落实习近平总书记关于"制止餐饮浪费行为，切实培养节约习惯"的重要指示精神，按照中共中央办公厅、国务院办公厅有关部署要求，进一步健全体制机制，创新方式载体，面向全社会广泛开展主题宣传教育活动，营造全民共同参与、维护粮食安全的浓厚氛围。

（一）深入打造世界粮食日和全国粮食安全宣传周活动品牌

会同农业农村部、教育部、科技部、全国妇联，联合国粮农组织驻华代表处，以"端牢中国饭碗共筑全球粮安"为主题，在全国范围内组织开展粮食安全系列宣传教育活动。全国粮食安全宣传周期间，举办全国粮食安全宣传教育主题展，向社会公众免费开放，深入宣传党中央、国务院关于粮食安全的重要战略部署，集中阐释我国粮食安全形势和取得的辉煌成就，全面展示近年来我国粮食安全宣传教育的亮点成效，充分展现我国维护世界粮食安全作出的积极贡献；商请中央主要媒体通过网络直播、公益广告、主题倡议书、署名文章、专访报道等多种形式，刊发相关报道50余篇（条）；商请工信部协调中国移动、中国联通、中国电信三大运营商，向全国9.9亿手机用户发送公益短信，持续塑造打响"全国粮食安全宣传周"活动品牌，凝聚维护粮食安全人人有责社会共识。各地结合实际，积极开展"公众走进粮食安全"系列宣教活动，通过知识竞赛、主题作品征集、开放体验日等多种形式，宣讲粮食安全形势、普及粮油健康知识，倡导引领爱粮节粮、维护粮食安全的社会风尚。

（二）充分发挥全国粮食安全宣传教育基地功能作用

按照"科学规划、加强引领、注重实效"的原则，会同国家有关部门单位联合确定发布67个第二批全国粮食安全宣传教育基地，各省级有关部门单位组织确定发布400余个第二批省级粮食安全宣传教育基地，粮食安全宣传教育基地达700余个，为在全国范围内开展主题宣教活动夯实了平台抓手。同时，为推动粮食安全宣传教育基地管理规范化、制度化，会同国家有关部门联合印发实施《全国粮食安全宣传教育基地管理办法》，明确基地申报条件、功能作用、评选程序、管理要求、退出机制等。天津、河南、安徽等省份印发省级基地管理办法。各基地按照国家及省级有关部门统一安排，积极承接开展粮食安全宣传教育，面向家庭、学生、职工等不同群体，自主开展职业体验、实景展示、多媒体互动、信息技术培训等活动，推动粮食安全宣传教育常态化、制度化、规范化。据统计，首批近300个粮食安全宣传教育基地，累计向社会公众开放2万余天，接待人数 100 多万人次，有效发挥了粮食安全宣传教育载体平台作用。

（三）组织开展系列主题宣传教育活动

紧扣粮食和物资储备中心工作，围绕优质粮食工程、粮食节约减损、粮食执法监管、粮食质量安全等主题，精心策划选题、创新平台载体，综合运用深度报道、集中采访、专题讲座、网络直播、公益广告等多种形式，面向大众开展科普教育和宣传报道。全年共制作播发公益视频 10 个，发布整版主题公益广告 5 次，开展网络直播 2 次，开设专栏 1 个，发布部门联合主题倡议 1 次，发送主题公益短信 1 次。各地粮食和物资储备部门结合实际，组织开展形式多样的粮食安全宣传教育活动，在全国范围内形成了良好的联动效应。上海组织开设“爱粮学院”公益儿童课程，福建组织开展爱粮节粮环城公益跑宣传活动，湖北组织开展粮食安全“五进”活动，广东组织开展“粮食安全点亮城市地标”活动，得到社会公众广泛好评。

撰稿单位：国家粮食和物资储备局办公室
撰稿人：孔晶晶、杨婷婷
审稿人：陈玲

专栏 8　2020 年世界粮食日和全国粮食安全宣传周

2020 年 10 月 16 日是第 40 个世界粮食日，主题是“齐成长、同繁荣、共持续。行动造就未来”。所在周为全国粮食安全宣传周，主题是“端牢中国饭碗共筑全球粮安”。国家粮食和物资储备局会同农业农村部、教育部、科技部、全国妇联，以及联合国粮农组织，举办了全国粮食安全宣传教育主题展，组织开展了第二批全国粮食安全宣传教育基地确定发布活动。全国粮食安全宣传周期间，各级粮食和物资储备部门会同农业农村、教育、科技、妇联等部门单位，创新载体、丰富内容，深入开展“公众走进粮食安全”系列宣教活动。

（一）创新开展全国粮食安全宣传周主会场活动，营造全民共同参与、厉行勤俭节约的浓厚氛围

10 月 16 日，国家粮食和物资储备局等部门单位和联合国粮农组织，在福建厦门联合举办了 2020 年世界粮食日和全国粮食安全宣传周主会场活动。国家发展和改革委员会党组成员，国家粮食和物资储备局党组书记、局长张务锋讲话，福建省委常委、常务副省长赵龙，农业农村部对外经济合作中心副主任胡延安，厦门大学党委书记张彦，联合国粮农组织驻华代理代表欧敏行分别致辞。活动现场发布了中国农业科学院农产品加工研究所等第二批 67 个全国粮食安全宣传教育基地，交流宣讲了他们辛勤耕耘、不懈努力，助力国家粮食安全的先进事迹，向全社会发出“爱粮节粮、厉行节约”的主题倡议。活动现场还发布了首批粮油产品企业标准“领跑者”名单。粮食和物资储备系统机关干部、粮油企业职工、院校师生等 600 余人参加了厦门主会场活动。全国粮食安全宣传周期间，国家粮食和物资储备局还举办了全国粮食安全宣传教育主题展。

（二）深入开展“公众走进粮食安全”系列主题宣教活动，推动形成全国联动的规模效应

各省级粮食和物资储备、农业农村、教育、科技、妇联等部门单位，围绕“端牢中国饭碗共筑全球粮安”主题，结合本地实际，组织开展了系列主题宣教活动，形成了全国联动的规模效应。一是举办形式多样的实践活动，增强体验感、参与度。充分发挥粮食企业、粮食质检机构、科研院所等特色优势，面向大中小学生、社区居民、媒体记者等社会公众，积极举办实验室开放日、智能粮库培训班、“爱粮学院”公益课程等系列“走进粮食安全”宣教活动，切实提升活动实效。二是组织“三进”活动，推动粮食安全宣传教育常态化、制度化。组织机关干部、农业科技专家和涉农院校师生等专业力量“走出去”，进学校、进社区、进家庭，以座谈交流、发放主题宣传册、倡议

签名、走访调研等多种形式，宣讲我国粮食安全形势与成就、普及惠农利农政策、科普营养健康消费知识，受到了社会各界的广泛欢迎和好评。三是充分发挥粮食安全宣传教育基地作用，扩大覆盖面和影响力。各粮食安全宣传教育基地按照国家及省级有关部门统一安排，创新载体、丰富内容，自主开展职业体验、实景展示、多媒体互动、信息技术培训等主题宣教活动，首批近 300 个粮食安全宣传教育基地，累计向社会公众开放 2 万余天，接待人数 100 多万人次。

（三）打好宣传“组合拳”，进一步放大世界粮食日活动品牌传播力和影响力

全国粮食安全宣传周期间，商请中央主流媒体对活动给予充分关注和集中报道，人民日报刊发张务锋局长署名文章《切实端牢十四亿中国人的饭碗——写在二〇二〇年世界粮食日之际》，新华社发布张务锋局长专访报道《饱不忘饥话粮食——世界粮食日专访国家粮食和物资储备局局长张务锋》，光明日报、经济日报刊发国家粮食和物资储备局、农业农村部等五部门联合主题倡议以及整版公益广告，各中央主要媒体刊发相关报道 50 余篇（条）。各类商业媒体、自媒体主动设置议题，跟进报道。中国移动、中国联通、中国电信三大运营商，集中向全国9.9亿手机用户发送主题公益短信，在全社会营造了爱粮节粮、厉行节约的浓厚氛围。社会公众自发参与世界粮食日相关话题传播讨论，“世界粮食日”新浪微博话题阅读量 5.5 亿；“今天世界粮食日”新浪微博话题阅读量 1.3 亿；270 万余人观看新华网世界粮食日和全国粮食安全宣传周主会场活动直播，为同期政务活动在线观看量之首。

撰稿单位：国家粮食和物资储备局办公室
撰稿人：孔晶晶、杨婷婷
审稿人：陈玲

三　对口支援与援疆援藏

（一）定点帮扶

2020年，国家粮食和物资储备局党组深入学习贯彻习近平总书记关于扶贫工作重要论述和8月18日赴安徽省阜南县考察调研时的重要讲话精神，不折不扣落实好党中央、国务院决策部署，助力安徽省阜南县粮食产业经济发展。全年累计投入帮扶资金480万元，引进帮扶资金2059万元，培训基层干部484名，培训基层技术人员1151名，购买农产品856万元，帮助销售352万元（不含第二届扶贫展销会）。10月，举办第二届全国贫困地区优质特色粮油产品展销会，336个国家级贫困县免费参展，现场帮助销售近16亿元。国家粮食和物资储备局扶贫办被党中央、国务院授予“全国脱贫攻坚先进集体”荣誉称号；国家粮食和物资储备局定点扶贫工作2019年、2020年连续2年获评中央单位年度成效考核最高等次“好”；消费扶贫工作被国家发展和改革委员会评为全国消费扶贫优秀典型案例；中组部、中央和国家机关工委、国务院扶贫办多次转发国家粮食和物资储备局扶贫工作经验。

1. 坚决扛牢政治责任，高位推动上下协同狠抓落实

一是国家粮食和物资储备局党组高度重视率先垂范。国家粮食和物资储备局党组书记、局长张务锋同志先后7次主持召开领导小组和专题会议，研究工作方案，亲自推动实施优质粮食工程产业发展；9月24日专程到阜南县现场调研会商，谋划推动实现巩固拓展脱贫攻坚成果同乡村振兴有效衔接的创新措施，聚力打造乡村振兴“阜南样板”。国家粮食和物资储备局党组成员、副局长梁彦同志分别到阜南县和中化集团、中粮集团等示范企业实地调研，3次召开会议，调度落实年度定点帮扶工作，直接推动阜南县实施优质粮食工程建成“阜南样板”，并通过中化集团示范带动，在全国64个贫困县推广阜南成功经验。二是系统上下齐心协力狠抓落实。国家粮食和物资储备局扶贫办制定年度工作计划，分工明确、定期调度。各司局单位积极作为，圆满完成各项任务。5名挂职干部始终坚守一线工作岗位，受到阜南干部群众一致好评。有的带领办合作社，开展农产品就地加工促增收；有的动员扶贫车间负责人早日开工，缓解因疫情不能外出务工群众的生活压力；有的组织村民在洪水退去后忙补种，努力把损失降到最低。三是主动而为助力疫情防控和防汛救灾。国家粮食和物资储备局党组在疫情防控的关键时刻，及时安排捐赠20万元专项资金和价值10万元的紧缺医用防护物资；王家坝开闸蓄洪后，及时协调安排25艘冲锋舟、3000件冲锋衣等中央救灾物资支援一线。动员各方捐助抗疫救灾物资价值近120万元，协调龙头企业开展视频培训1.7万人次，帮助农户开展春耕生产。

2. 深入实施“三步走”，打造乡村振兴“阜南样板”

全面落实示范种植—规模化种植—就地加工转化“三步走”帮扶措施，协调督促中化农业、中粮贸易两家龙头示范企业对30万亩优质小麦实行产购储加销全链条统一管理，实现丰产提质增效，高于市场价5%订单收购，每亩助农增收约200元，13500户贫困户、42000多名贫困人口直接受益，顺利完成“第二步”。引进小麦加工龙头企业——中裕食品公司投资6.3亿元建设面粉生产和食品加工厂，扎实走稳“第三步”，同时冬季优质小麦规模化种植面积进一步扩大到35万亩。三步走一年迈一大步、一年上一个大台阶，实现了增产提质、农民增收、企业增效、产业升级，优粮优产、优购、优储、优加、优销“五优联动”全面实施，延伸粮食产业链、提升价值链、打造供应链“三链协同”初步形成，培育出依托实施优质粮食工程培育粮食产业扶贫、优质粮食全产业链发展的“阜南样板”。

3. 线上线下有机结合，多措并举深入开展消费帮扶

针对阜南县的现状，出台了消费帮扶“一二三四”举措。即持续举办帮扶展销会，搭建一个全国性消费帮扶平台；精心培育扶贫832平台阜南馆和京东扶贫阜南馆，用好两个线上销售渠道；大力建设“村社合一”合作社、好粮油直营店、带贫减贫企业三种模式；扎实开展消费扶贫四大行动：全系统消费扶贫行动、湖北农产品采购专项行动、中央和国家机关部分单位定点扶贫县好粮油进北京活动和国家发展和改革委员会、国家粮食和物资储备局、国家能源局“统筹三方资源、协同推进消费扶贫”行动。2020年采购贫困地区农产品数额是2019年3倍多，采购湖北受疫情影响滞销农产品283万元。

4. 党建帮扶建强支部，激发产业致富内生动力

国家粮食和物资储备局23个司局单位党组织与阜南县9个贫困村支部和15户贫困户开展“支部帮村、党员帮户”共建活动，支持村支部带领贫困户办合作社，壮大集体经济，带动农民增收，解决产品滞销问题。2019年援建的5个扶贫车间在疫情防控期间及时复工复产，招聘近170人，有59名贫困群众就地就业。2020年继续投入370万元帮助贫困村建设3个帮扶车间和1个保鲜冷库，建成后可吸纳包括120多户贫困户在内的300多人就业，村集体年增收超过40余万元。在阜南县举办党建培训班，376名贫困村两委班子成员等基层干部参加，实现贫困村全覆盖。举办光伏技术培训班，帮助582名贫困群众走上光伏协管员岗位。接收阜南县2名青年干部到局机关跟班学习，提高综合素质。设立“励志奖学金”45万元，干部职工捐款捐物14.9万元，帮助贫困儿童解决上学难题。投入5.22万元，为贫困户修缮房屋、购买医疗设备。

（二）对口支援

2020年11月18日，国家粮食和物资储备局党组书记、局长张务锋主持召开对口支援江西省于都县工作座谈会，要求各司局单位从

资金、项目、政策、智力、技术、人才等多方面，大力支持于都经济社会发展，用情用心用力做好对口支援工作。2020 年 5 月，挂职于都县委常委、副县长的粮食储备司袁海波同志到期后，及时做好轮换工作，选派规划建设司设施建设处处长姜超同志挂职任县委副书记、副县长。指导于都县紧紧围绕“产购储加销”五优联动，推动延伸粮食产业链、提升价值链、打造供应链“三链协同”，起草《关于加快推进于都富硒大米产业发展实施方案》。积极支持国家粮食产业（功能稻米）技术创新中心于都分中心顺利挂牌，指导制定富硒大米企业标准。

（三）援疆援藏

一是支持指导健全完善标准体系。支持协调西藏自治区粮食和物资储备局修订报批《青稞》国家标准，已于 2021 年 3 月批准发布；下达《青稞米和青稞粉》行业标准立项计划，指导开展《青稞储存品质判定规则》国家标准、《中国好粮油　青稞及其制品》行业标准研究；支持新疆维吾尔自治区粮食和物资储备局开展《鹰嘴豆粉》行业标准制定工作。二是帮助编制“十四五”专业规划。指导编制新疆维吾尔自治区“十四五”时期粮食产业、粮食和物资基础设施、粮食和物资储备应急保障体系建设等规划，以及新疆生产建设兵团“十四五”粮食和物资储备发展规划。三是指导新疆组建运行粮食收购贷款信用保证基金。指导新疆维吾尔自治区粮食和物资储备局进一步完善基金制度，优化基金运行方式，促进基金更加有效发挥作用。在 2020 年预算中，专门安排新疆垂管局财政拨款公用经费 136 万元，支持开展“访民情惠民生聚民心”活动。四是支持提升粮食收储调控能力和应急保障能力。按照国务院批复同意的粮食库存消化方案，安排新疆临储小麦投放，满足当地用粮需求，保障区域粮食市场供应。增储近亿元中央应急物资救灾物资，其中，新疆增储 9053 万元中央救灾物资、447 万元中央防汛抗旱物资，西藏增储 447 万元中央防汛抗旱物资。新疆喀什地区伽师县 6.4 级地震发生后，紧急调运 4.65 万件、1386 万元中央救灾物资，全力保障受灾群众生命财产安全。五是扶志扶智激发内生动力。2020 年度全系统援疆援藏干部共 8 人次，其中 4 名同志完成援派任务返回工作岗位。按照全国妇联要求，积极动员全局干部职工参与“恒爱行动”，以手工编织给新疆儿童献爱心送温暖。中国粮食经济杂志社为新疆、西藏捐赠《中国粮食经济》114 套。

撰稿单位：国家粮食和物资储备局规划建设司

撰稿人：刘晨

审稿人：钱毅、张保国、晁铭波

专栏 9 第二届全国贫困地区优质特色粮油产品展销会

2020 年 10 月 19 日至 21 日，第二届全国贫困地区优质特色粮油产品展销会在福建省福州市举办，会上开展了中央和国家机关定点扶贫县农副产品产销对接活动。展区面积达 11000 平方米，336 个国家级贫困县的 700 家合作社和企业参展，现场销售 187 万元，采购签约近 16 亿元。其中，71 家中央和国家机关单位 113 个定点扶贫县现场销售 40 万元，采购签约 5.3 亿元。阜南县农产品销售一空，现场销售近 10 万元，签订粮食订单、项目投资合作协议共计 6488 万元。

撰稿单位：国家粮食和物资储备局规划建设司

撰稿人：刘晨

审稿人：钱毅、张保国、晁铭波

第九部分

棉花和食糖储备

一 棉花和食糖市场运行

（一）棉花市场运行情况

一是棉花生产保持稳定。据国家统计局数据，2020 年全国棉花播种面积 4754.8 万亩，比上年减少 254.1 万亩，同比减少 5.1%，其中，新疆地区种植面积 3752.9 万亩，占全国种植面积的 78.9%。全国棉花产量 591 万吨，增长 0.4%，其中新疆棉花产量 516.1 万吨，增长 3.2%，占全国总产量的比例升至 87%。

二是棉花消费有所恢复。2020 年上半年受新冠肺炎疫情影响，国内棉花消费持续低迷。据中国棉花协会预测，2019/2020 年度（2019 年 9 月—2020 年 8 月）国内棉花消费量 765 万吨，比上年度下降 42 万吨。随着我国疫情得到有效防控、棉纺行业复工复产推进，加上海外订单有所好转，下半年国内棉花消费逐步恢复。中国棉花协会预计，2020/2021 年度（2020 年 9 月—2021 年 8 月）国内棉花消费量 810 万吨，较上年度增长 45 万吨。

三是国内棉花价格大幅波动。受新冠肺炎疫情影响，去年 3 月棉花价格大幅下跌，3 月底跌破 11000 元 / 吨，此后有所反弹但总体持续低迷。随着棉纺企业生产逐步恢复，棉花价格持续回升，9 月底上涨至近 13000 元 / 吨。10 月进入新年度后，在国内外棉花产需关系收紧加上全球流动性充裕等因素推动下，棉价快速上涨至 15000 元 / 吨左右，并保持在 14000—15000 元 / 吨区间平稳偏强运行。

四是中央储备轮换有序推进。为优化中央储备结构、支持棉纺企业应对疫情等冲击，有关部门根据棉花市场形势适时有序开展储备轮换。2020 年 7 月至 9 月安排中央储备棉轮出，累计成交 50.3 万吨，其中新疆棉成交 28.3 万吨、地产棉成交 22 万吨，成交均价 11789 元 / 吨，折标准级（3128B）价格 13099 元 / 吨。12 月初有关部门发布公告轮入新疆棉 50 万吨，因市场形势变化，截至 2021 年 3 月底实际未启动。

（二）食糖市场运行情况

一是糖料种植面积略降。据中国糖业协会数据，2019/2020 年度（2019 年 10 月—2020 年 9 月）全国糖料种植面积 2070.3 万亩，较上年度减少 4.2%。其中甘蔗种植面积 1747 万亩，同比减少 3.4%，甜菜 323 万亩，同比减少 8.3%。糖料收购价格较上年度略有上涨，其中甘蔗平均收购价（地头价，不含运输及企业对农民各种补贴费用等，下同）489 元 / 吨、甜菜 499 元 / 吨，分别较上年度上涨 9 元 / 吨和 5 元 / 吨，农民收入基本稳定。

二是食糖产量下降、消费平稳。由于糖料种植面积下降，2019/2020 年度全国累计产糖 1041.5 万吨，下降 3.3%。其中，甘蔗糖 902.2 万吨、下降 4.5%，甜菜糖 139.3 万吨、增长 5.9%。全国食糖消费市场平稳，消费量 1530 万吨，较上年度增加 10 万吨。消费结构继续调整，民用消费比例上升 3 个百分点至 45.5%，工业消费比例下降 3 个百分点至 54.5%。

三是食糖市场价格大幅波动。受疫情影响，本年度初期国际食糖价格急剧下跌至近 10 年来的历史低位，国内食糖价格也一度快速下跌。随着国内疫情得到有效控制、消费复苏，国内糖价企稳回升。总体看，2019/2020 年度全国制糖工业企业成品白砂糖累计平均售价 5524 元 / 吨，较上年度上涨 276 元 / 吨，制糖企业生产经营情况有所好转，全国制糖行业盈利 9.6 亿元。10 月份进入 2020/2021 年度后，国际糖价受全球产需缺口扩大等推动持续上涨，但由于食糖关税配额外进口增加、糖浆进口激增等，国内糖价偏弱运行。

二　棉花和食糖储备管理

2020 年，国家粮食和物资储备局认真履行中央储备棉糖管理职责，精心安排组织收储轮换，着力推进建章立制，各项重点工作有序开展。

（一）精心组织 2019 年度新疆棉轮入

2020 年 3 月，针对国内棉价大幅下跌的市场形势，适当增加新疆棉每日挂牌竞买数量，稳定市场预期；4 月，针对新疆棉入库检验质量问题，研究同意对入库公检不合格的棉花批次换批一次。自 2019 年 12 月至 2020 年 3 月末，累计挂牌竞买 78.6 万吨，成交 37.2 万吨，轮入交易顺利完成，提高了库存新棉占比，提升了储备棉总体质量。

（二）稳妥组织 2020 年度储备棉轮换

研究下达 2020 年中央储备棉轮出计划 50 万吨。轮出过程中加强协调指导，根据市场形势变化，适时调整挂牌数量。自 7 月至 9 月底，挂牌销售储备棉 50.4 万吨，实际成交 50.3 万吨，圆满完成了全年轮出任务，优化了储备棉库存结构，保障了市场供给，保护了下游纺织产业。10 月份会同财政部落实 2020 年度 50 万吨新疆棉轮入任务，印发轮入公告，对轮入时间、数量、价格和质量要求等作出具体安排，适当放宽了对轮入棉花的质量要求，提振了棉花市场信心。

（三）推进棉糖储备管理建章立制

研究起草《中央储备糖管理办法》和《中

央储备棉轮换管理暂行办法》，对中央储备糖管理和中央储备棉轮换管理的原则要求、职责分工、工作程序等进行规定。

撰稿单位：国家粮食和物资储备局粮食储备司

撰稿人：许策、杨璐

审稿人：秦玉云、唐成

第十部分

物资储备

一 战略物资储备管理

2020 年，我国重要战略矿产资源海外供应面临的不确定性和潜在压力有所增加，战略矿产资源供应链存在一定短板，主要是部分重要矿产品高度依赖进口、来源地较为集中，部分通用物资社会库存总体比例均偏低，需要提高保障供应链、产业链安全能力。

（一）夯实物资管理工作基础

一是开展战略物资储备“大清查”工作。积极编制物资清查工作方案和预算方案，组建物资抽查专家库，编写培训教材，提出物资储备检查工作相关标准。组织两类物资储备数据登统、清查试点、普查和抽查工作。二是提高管理标准化水平。推动标准规范研究和编制工作，加快标准规范研究阶段性成果的转化，积极推行相关质量、包装标准，提高库存物资的标准化水平。三是加强业务制度建设。组织制定印发《战略物资采购规定（试行）》《战略物资采购工作流程（试行）》，明确责任，细化要求，有效保障收储任务的完成。组织修订并印发《国家储备火炸药管理办法》、组织编制《发射药出入库操作规程（试行）》《梯恩梯出入库操作规程（试行）》，为确保安全万无一失打下基础。

（二）积极发挥国家储备政府引导作用

一是加快调整和优化储备品种结构。降低部分大宗产品和库存时间较长物资的库存规模，新增部分产品库存，使储备品种更加丰富，结合采购、轮换、销售工作，不断优化产品布局，支持国防能力建设，促进高技术发展，保障国家经济安全。二是积极拓展储备功能。积极探索新形势下国家储备发挥作用的新方式、新途径和新机制。发挥资源调配作用，支持新兴先进产能发展。国家收储在增强储备实力的同时，也能够支持企业正常生产运行，为保护处于初创阶段的先进产能提供了条件。发挥储备需求引导作用，支持重要行业生存发展。部分品种物资，市场容量小、应用范围窄，受相关产品需求波动大等因素影响较大。实行国家收储，采取储备长期需求与生产短期需求相结合的做法，使得企业能够产生稳定的预期，促使其加大投资、扩大产能，客观上能够实现国家保护关键产能的目的。

撰稿单位：国家粮食和物资储备局物资储备司

撰稿人：刘毅军、潘瑶、程振意、王敏、白啸辰、王爽、高春旭、丁一凡

审稿人：徐高鹏、陈凤冬

二 应急物资储备管理

（一）稳妥有序完成职责交接

认真贯彻党中央、国务院决策部署，按照党和国家机构改革方案和国务院领导批示要求，与国家防办、应急管理部紧密衔接，密切配合，协同联动，在2019年分别平稳顺利完成了中央救灾物资、中央防汛抗旱物资储备管理职责交接，期间，国家粮食和物资储备局与应急管理部通过举行高层会商，明确交接方案和职责分工，形成会商纪要。及时召开座谈会、组织开展培训，明确工作思路和要求，保证职责交接后各项工作有序开展。与国家防办、应急管理部联合印发做好中央防汛救灾物资管理工作的通知，明确调运流程，提出相关要求，作为各单位开展工作的指导性文件，为后续工作开展打下了坚实的基础。

（二）按指令及时高效调运物资

国家粮食和物资储备局承担中央防汛救灾物资和储备管理职责以后，与国家防办、应急管理部紧密衔接，及时制定救灾物资应急调运预案，建立快速调拨机制，密切关注震情汛情等灾情，加强对各地粮食和物资储备部门、中央防汛救灾物资仓库指导和管理，强化应急值守，上下协同联动，做到随时响应、随时装运，严格做到“电话响三声内必须接，调运通知20分钟内必须发”。累计调运46批次、2.69亿元中央防汛救灾物资。2019年，调运12批次、4267万元中央防汛救灾物资，有效应对四川长宁6.0级地震，及时保障江西、湖南、广西抗洪抢险救灾和浙江、山东等抗击超强台风“利奇马”救助急需，积极援助伊朗特大洪灾。2020年，调运33批次、2.2亿元中央防汛救灾物资，支援新疆喀什地区伽师县6.4级地震救灾、湖北等五省新冠肺炎疫情防控和防汛抗洪保障等。

（三）依法依规完成物资采购

按照财政部批复的采购预算和应急管理部制定的采购计划，累计完成23.59亿元中央防汛救灾物资采购。特别是2020年10月，针对物资调运量大的情况，加强统筹调度，完成2020年中央防汛救灾物资增储采购计划。中央救灾物资储备总量达到741.7万件，总价值26.3亿元，存储于30个省（自治区、直辖市）的55座储备仓库。中央防汛抗旱物资共计89种，总价值9.2亿元，储备物资遍布全国31个省（自治区、直辖市），储备仓库数量达到47座，应对重特大突发事件的物资保障能力得到进一步加强。

（四）强化物资储备日常管理

一是汛前组织开展防汛备汛检查，注重问题隐患排查整治，建立隐患整改台账、制定整改措施和应急度汛方案，确保防汛救灾物资数量准确、质量良好、储存安全；督促指导储备仓库加强 24 小时应急值守，完善物资应急调用预案，提前落实好物资应急调运的人力、运力，开展应急演练，针对发现问题，落实整改，确保关键时刻物资拿得出、调得快、用得上。二是制定《国家战略应急物资储备大清查实施方案》，开展中央防汛救灾物资大清查，完成 49 个防汛救灾储备仓库自查、垂管局督查和部委联合抽查，针对发现的问题和短板，提出加强物资储备管理的意见建议。三是建立中央防汛救灾物资调运及库存情况日通报、月统计制度，及时向国家防总办公室、应急管理部、财政部等部门报送物资调拨情况，强化信息共享。同时，积极配合应急管理部加快推进应急资源管理平台建设，提高信息化统计管理水平。

（五）积极推进应急物资管理研究

适应新时期应急管理发展新格局、新要求，主动开展重点任务、重大专项课题研究，抓紧制订国家战略应急物资储备安全管理体制机制改革意见，加强储备管理顶层设计，形成《关于加强中央救灾物资储备管理的调研报告》《中央应急物资收储轮换机制研究》和《关于推进应急救灾物资储备体系建设的研究》等研究课题成果。

新形势下应急物资储备管理工作面临新挑战、新要求，国家有关部门将进一步加强储备管理顶层设计，加快推进《中央应急救灾物资储备管理办法》印发实施，为下步物资的管理提供制度遵循、监管依据。积极探索建立战略应急物资储备更新轮换机制，确保储备物资常储常新，提升防汛救灾物资储备效能。不断完善应急物资储备体系，建立应对大灾巨灾应急保障协同联动机制，为应对重特大自然灾害提供坚实的物质保障。

撰稿单位：国家粮食和物资储备局安全仓储与科技司

撰稿人：杨林、孙裕如

审稿人：王宏、邱永峰、陈林

三 物资储备基础设施建设

2020 年，统筹疫情防控和项目建设，坚持标准引领、滚动实施、压茬推进，深入组织实施国家储备仓库安全综合整治提升三年行动计划建设项目，取得明显成效。其中首批 17 个项目、第二批 30 个项目全部完工，第三批 16 个项目基本完工。安全综合整治项目强化技防，对火炸药仓库和成品油库关键区域、要害部位视频监控和入侵报警等功能重点完善，实现周界振动、库区视频自动报警全覆盖，要害部位实时动态监控，库区出入口控制与公安部门“天网”连接；强化物防，提升库区周界防范和出入口反恐、防爆设施，增强重点反恐目标安防能力；强化协同，实现储备仓库安防系统与驻库武警“智慧磐石”工程互联互通、协同联动。同步完善有改扩建任务的成品油库危险源监测报警功能和紧急切断装置，实现生产设施和工艺设备安全达标运行、绿色环保。完成通用仓库升级消防系统和丙类库房安全储存功能，大幅提升不同类别物资存储、快速调运和集中疏散能力。启动公共卫生应急保障能力建设项目，依托现有储备仓库资源，谋划布局综合性国家储备基地，编制《综合性国家储备基地建设方案》，安排中央预算内投资 4.7 亿，建设首批 7 个综合性国家储备基地。组织实施“民生工程三年行动”，一年突出一个重点，解决垂管系统取暖、用水、用电和工勤用房及附属设施等突出问题，改善垂管系统办公生活和武警营区设施条件，2020 年度支持项目 103 个共 5523 万元，已基本实施完成；统筹安排 2020 年储备仓库灾害修复资金，有效保障基层单位正常生产运转。

撰稿单位：国家粮食和物资储备局规划建设司

撰稿人：何晓伟

审稿人：钱毅、张保国、晁铭波

四　安全管理

（一）严格落实安全生产责任制

按照坚持“党政同责、一岗双责、齐抓共管、失职追责”和“管行业必须管安全、管业务必须管安全、管生产经营必须管安全”，严格落实安全生产责任制。一是签订《安全稳定责任书》。2020 年年初，针对安全监管工作呈现的新形势、新任务，对垂管系统安全管理责任书进行全面修订，细化、量化责任目标，年初工作会议上国家粮食和物资储备局与各垂管局签订《安全稳定责任书》。二是持续贯彻“一规定两守则”。各省级粮食和物资储备部门，严格落实全员安全生产责任制和《粮油储存安全责任暂行规定》《粮油安全储存守则》《粮库安全生产守则》等规章制度和文件要求，切实压实企业主体责任。三是统筹部署年度工作任务。根据国务院安委会《2020 年全国安全生产工作要点》，结合系统安全生产监管实际，细化六个方面 19 项重点工作任务，印发《国家粮食和物资储备 2020 年安全生产工作要点》。

（二）做好“116 专项”工作安全保障

在前期深入开展隐患排查治理、完善制度

机制、开展试点示范、举办专项培训等工作的基础上，重点做好以下工作。一是定期召开专题会议。5 月 28 日和 10 月 29 日，召开“116 专项”安全督导和安全保障工作视频会议，听取有关单位安全保障工作汇报，分析安全形势，有针对性地部署专项任务安全保障各项工作。二是密切与相关部门协作关系。认真贯彻落实赵克志国务委员批示精神，与公安部保持密切沟通，协商落实“116 专项”道路运输安全保障工作的具体举措。三是严格落实三级审查审核备案机制。按照“一库一批一方案”要求，每批作业前对各垂管局上报的“116 专项”工作方案的批复进行认真审查，重点审查安全复核隐患整改情况、警戒方案、应急处置预案等。四是持续抓好安全督导工作。制定印发《安全督导方案》和《安全督导工作手册》；火炸药出入库作业期间，逐月拟定督导方案，组建督导组，由国家粮食和物资储备局有关司和垂管局负责同志带队，赴任务执行单位蹲点督导。每日及时掌握作业动态，执行好日报告制度，做到有事报情况、无事报平安。

（三）着力完善安全生产监督管理制度机制

一是规范垂管系统隐患排查治理。制定印发《垂直管理系统生产安全事故隐患排查治理暂行办法》，按照“全覆盖、零容忍、严执法、重实效”的总体要求，明确了安全隐患排查治理工作职责、督办机制、验收销号和信息报送、责任追究等方面 53 条具体内容，加大隐患排查治理力度，防治和减少生产安全事故，促进垂管系统安全发展。二是完善行业监管制度。制定印发《关于加强粮食流通行业安全生产工作监督管理的意见》和《粮食流通行业安全生产检查指引》，建立粮食流通企业负责、全员参与、行政部门监管、行业自律和社会监督的机制，进一步促进粮食流通行业安全生产形势持续稳定向好。三是建立安全生产形势分析制度。印发通知，要求各单位每季度上报安全生产形势分析报告，及时梳理汇总有关情况，在安全生产会议上通报，分析存在的安全风险，提出加强安全生产监管的具体措施。

（四）扎实推进安全生产专项整治三年行动

印发《国家粮食和物资储备局安全生产专项整治三年行动计划》，分解细化为 70 项重点任务，明确落实措施和要求、责任主体职责分工、任务属性及完成时限，以此形成全系统三年行动的落实举措。

（五）深入开展安全生产督导检查

深刻吸取黎巴嫩贝鲁特爆炸事件教训，按照基层单位自查、省级部门检查、国家粮食和物资储备局督导督查的步骤，在全系统部署开展安全生产大检查。9 月份，结合国庆、中秋重大节日期间安全管理，由国家粮食和物资储备局领导和业务司负责同志带队，组建 5 个督导检查组，赴 9 个垂管局 24 座储备仓库开展安全生产督导检查，同时对储备仓库安全评价和安全生产标准化工作开展调研。通过检查，深入排查治理隐患，确保全系统安全稳定。

（六）强化安全生产动态管控

一是加强重要时点安全生产工作。元旦、春节、全国“两会”、“五一”和中秋、国庆等重要时点，春秋防火、夏季防汛等季节，提前印发通知部署安全生产工作，要求开展安全生产检查，层层压实责任，强化管控措施，狠抓工作落实。二是定期研判分析安全形势。每季度定期组织召开安全生产工作专题会议、视频会议，认真传达学习党中央、国务院领导同志讲话和国务院安委会有关会议、通知精神，分析系统安全生产形势，部署安全生产工作，防范重特大事故的发生，确保系统安全形势稳定向好。三是部署季节性安全防范工作。根据季节性特点，及时印发加强防火、汛期安全生产工作的通知，压实责任、明确要求，强化防范措施，确保安全。

（七）抓好安全生产教育培训和应急管理工作

一是开展安全生产培训。11 月初，在河南郑州举办 2020 年全国粮食和物资储备安全生产培训班，对各省级粮食和储备部门和各垂管局分管安全的负责同志及有关人员开展安全生产培训。深入学习习近平总书记关于安全生产重要论述，国家安全生产法律法规、政策、标准规范等，强化安全生产意识和责任，切实提高相关人员管理、分析、决策、事故预警和应急处置能力。二是提升人员学历。根据全国安全生产专项整治三年行动计划要求，部署全系统危险化学品仓库相关从业人员报名参加专业、学历提升，采取再教育方式做好学历提升工作。垂管系统共有 480 余人办理入学手续。三是不断增强应急处置能力。结合安全形势和应急管理工作要求，选取贵州局 158 处作为重点演练单位，指导有关垂管局联合地方公安、安监、消防等部门和武警部队，开展综合应急演练，与地方有关部门形成齐抓共管、共同处置突发情况的长效机制。

撰稿单位：国家粮食和物资储备局安全仓储与科技司

撰稿人：皇甫志鹏

审稿人：王宏、邱永峰、葛宁

五 物资储备标准化

（一）建立了物资储备标准化工作基础

2019 年 9 月，物资储备“GC”（国储）行业标准代号和范围获国标委批复，为制定物资储备标准提供了重要的条件。国家物资储备行业标准范围包括：(1) 国家物资储备管理术语、符号、标记和分类；(2) 国家储备物资品种和质量要求；(3) 国家储备物资包装、质量检验、损益处置等技术标准；(4) 国家储备物资出入库、装卸、码垛、储存等相关技术规范和管理要求；(5) 国家物资储备专用仓库设计规范标准，储备仓库设施设备配置、安装、使用、维护、停用、报废和可靠性评价等标准；(6) 其他物资储备有关基础通用要求。2019年10月，建立了“物资储备标准化工作协调机制”，协调解决标准化工作中重大问题。

（二）加强标准制修订工作

2020年1月，成立国家物资储备标准化技术专家组，同时召开首批物资标准立项评审会，确定了20项物资储备行业标准制定计划。3月，印发了《国家粮食和物资储备局办公室关于下达2020年第一批物资储备行业标准制定计划的通知》，立项标准包括基础通用类、储存管理类、安全生产操作技术规程类和管理类标准，涉及包装、储存、码垛、日常管理等领域。6月，发布有关标准和规范6项，迈出了物资储备标准制定工作的历史性第一步。

（三）着力健全国家物资储备标准化体系建设

国家粮食和物资储备局坚持需求和目标导向，重点开展第二批储备仓库设计和建设技术标准、出入库、装卸搬运、安全储存保管、防火防爆、应急管理以及信息化等有关标准的立项制定工作。构建融合开放、科学实用的国家物资储备标准体系表，加快国家物资储备基础通用标准体系建设，加强国家物资储备专业技术标准体系建设。

撰稿单位：国家粮食和物资储备局标准质量中心

撰稿人：陈寅、付伟铮、颜婷婷

审稿人：王耀鹏、王正友

第十一部分

能源储备

一 我国能源形势

（一）油气产量持续增长，对外依存度仍居高不下

2020 年，我国油气生产继续保持了增长势头，其中中国石油长庆油田年产突破 6000 万吨，天然气连续四年增产超过 100 亿立方米，年度原油、天然气产量分别达到 1.95 亿吨和 1925 亿立方米，较上年分别增加 1.6% 和 9.8%，但仍难以改变我国对进口油气高度依赖的格局。2020 年，我国进口原油、天然气分别为 5.42 亿吨和 1.02 亿吨（约 1396 亿立方米），较上年分别增加 7.3% 和 5.3%，对外依存度分别达 73.5% 和 43.2%，原油、天然气对外依存度已连续三年分别超过 70% 和 40%。

（二）进口来源仍不平衡，供应和通道风险并存

我国原油、天然气进口多元化渠道不断拓宽，但仍存在相对集中、不够平衡的问题。据海关数据显示，2020 年我国原油进口主要来源于中东、北非、俄罗斯和南美地区，其中中东地区占比近一半；我国天然气进口 2/3 以上为液化天然气，主要来源于澳大利亚、卡塔尔、马来西亚和印度尼西亚等国，其中澳大利亚占比超过 40%。我国多数油气进口来源国受国际局势和地缘政治影响较大，随时可能给能源供应带来不可预见的风险。此外，我国油气进口通道高度依赖霍尔木兹海峡和马六甲海峡，一旦受阻，可能引发较为严重的油气供应中断。

（三）“黑天鹅”事件多发，对应急能力提出新挑战

2020 年，受突如其来的新冠肺炎疫情影响，我国一季度国内石油消费曾一度骤减，原油、成品油均出现供过于求的情况，库存大幅上涨，石油石化企业都面临了“涨库憋停”的风险考验，对我国石油石化产业造成了严重冲击。此外，2020 年一季度因沙特与俄罗斯打响“石油价格战”，导致石油价格暴跌，特别是 4 月 20 日国际原油期货合约甚至出现负油价，为我国扩大石油储备规模创造了机遇，同时凸显了我国石油储备设施紧缺的短板。上述“黑天鹅”事件都对我国石油储备的“稳定器”作用发挥提出了新的挑战，富余储备库容已成为一种必不可少的战略资源。

撰稿单位：国家粮食和物资储备局能源储备司

撰稿人：葛连昆、徐超蓝、王晨

审核人：裴建军、车英、熊晓宝

二　能源储备管理

（一）储备管理机制进一步完善

国家石油储备“压舱石”和“稳定器”功能进一步拓展，新冠肺炎疫情期间，利用剩余国家战略储备库容为企业提供临时周转支持，对冲供给过剩，平稳市场供需，形成了应急保障新机制。结合国家成品油储备情况及出入库需求，研究提出年度储备成品油收储轮换计划思路和国家储备成品油轮换机制，积极探索利用部分石油储备建立稳定市场机制。

（二）储备制度建设进一步加快

加快推动《中华人民共和国能源法》《国家石油储备条例》出台，在完成国家储备原油相关管理办法和国家石油储备基地管理办法修订的基础上，统筹推进国家储备原油和成品油轮换办法制定工作，进一步完善了国家储备油库成品油出入库作业规程等制度规定，储备管理制度化、规范化进程进入快车道。

（三）规范化管理进一步加强

扎实开展国家储备原油、成品油大清查，组织国家石油基地、国家成品油储备库和代储企业开展自查，适时开展现场督导抽查，进一步强化代储原油、成品油管理。全面审核国家储备原油数据，开展国家储备成品油数据统计分析和年度损耗溢余核销处理，组织企业代储国家储备成品油年度检查，完成储备成品油有关资金费用的清算专项工作，加快推动建立能源储备信息化系统，不断夯实储备管理基础。

撰稿单位：国家粮食和物资储备局能源储备司

撰稿人：葛连昆、徐超蓝、王晨

审核人：裴建军、车英、熊晓宝

三　石油储备能力建设与发展

（一）科学论证，精心统筹，石油储备整体布局逐步完善

国家石油储备基地布局原则，选址要具备深水港口，适应从海上进口石油，或具备石油输送管线，从陆路进口石油的条件，还要具备安全可靠、石油进出快速方便、应急辐射面广、靠近炼厂等条件。综合考虑国家能源安全需要，石油石化产业发展进程，国际能源市场

变化趋势，以及长输管网港口等设施条件，国家有序推进国家石油储备基地选址，布局在沿海地区和长输管线沿线，并与炼化产业布局相协调，经过科学论证，精心比选，国家石油储备基地整体布局框架基本形成，能充分满足石油储备功能的要求，充分发挥了国家石油储备基地在保障国家能源安全、促进产业发展等方面的作用。

（二）总体规划，压茬推进，石油储备保障能力逐步增强

委托石油石化企业承担石油储备重点项目建设，加大与地方政府的衔接协调，加强监督检查力度，保证了项目有序实施。通过压茬推进、分步实施，分三期建设国家石油储备基地，已建成基地分布于东北地区、华北地区、华东地区、华南地区、西北地区等，石油储备保障能力逐步扩大。石油储备形式上，从地上储罐储备逐步向地下水封洞库转变，更加安全、可靠、隐藏、环保，具有适应性强、库存规模大、运营成本低等特点。总体上，我国石油储备项目功能区划清晰，工艺先进，库区自动化程度高，设备选型可靠，消防、安全和环保设施完善和先进，体现超大型油库安全环保、经济合理、技术先进、现代化管理的要求。

（三）尊重规律，勇于创新，石油储备建设水平逐步提高

在建设技术上，以科学严谨的态度，瞄准国外先进技术，通过联合攻关、借鉴国内外大型科研项目管理经验、多个环节同步进行的工作方法，走出了边研制、边评价、边应用、边推广的路子，加快各项关键技术、工艺装备国产化工作进程，缩短国产化开发应用周期，提高了国产化率，填补多项国内空白。制定了《地下水封石洞油库设计规范》《国家石油储备地下水封洞库工程项目建设标准（试行）》等统一的技术规范、行业标准。创新地下工程动态设计理念，形成了具有自主知识产权的“大型地下水封洞库建设关键技术集成创新”等科技成果，获得数十项国家专利、数十项软件著作权，掌握多项关键技术并实现多项技术突破。

撰稿单位：国家石油储备中心
撰稿人：隋宁鑫、李尔博王
审稿人：李丹

第十二部分

行业发展

一 科研发展

（一）粮食科技创新

一是加强顶层设计，谋划科技兴粮兴储思路，编制《“十四五”粮食和物资储备科技和人才发展规划》，制定《关于“科技兴储”的实施意见》。二是开展2020年全国粮食和物资储备科技活动周活动，主题为“科技创新促发展、兴粮兴储保民生”，举办科技成果、科研机构、科研人才与企业“三对接”现场活动，召开全国粮食和物资储备科技和人才工作经验交流会。三是加强创新平台建设，对7家工程中心进行评估，对7家技术创新中心工作进行总结，为6家“国家粮食质量安全生物快速检测技术创新中心”授牌，完成粮食储运国家工程实验室的现场验收，研究将国家粮食和物资储备局科研院、河南工业大学承建的两个国家工程实验室纳入新的国家工程研究中心序列管理。四是强化科技项目管理，促进行业科技创新，立项并实施“稻米低温仓储关键技术装备集成与示范应用”等10个项目，广泛征集、积极推荐科研院所申报有关国家重点研发计划项目，中粮生物科技牵头承担的有关项目已通过科技部的评审并立项。五是推荐各类科技奖项，激励引导技术创新研究，推荐2020年创新人才推进计划候选人、中国青年女科学家奖候选人，推荐3项专利作为第二十二届中国专利奖参评项目。六是引导粮机企业转型升级，促进产业高质量发展，积极推进粮机产业转型发展，引导企业加快技术升级改造，孵化和培育有潜力的先进技术，为粮机产业发展创造良好的外部环境。

撰稿单位：国家粮食和物资储备局安全仓储与科技司

撰稿人：管伟举、王旸

审稿人：王宏、张成志、王旭

（二）重点课题调研

一是注重系统谋划，在全系统印发《关于深入推进大学习深调研真落实的指导意见》，从“突出调研重点、保证调研质量、抓好转化应用”等方面，对开展好“深调研”提出具体要求。二是注重服务中心工作，围绕保障粮食和物资储备安全，确定了13项“2020年‘大粮食’‘大储备’研究课题”和35项全局重点调研课题；立足新形势新任务，印发半年形势和重点工作专题研究方案，明确了21项专题研究课题，为推动改革发展提供了可靠的理论支撑。三是注重成果转化运用，在调研报告基础上形成多篇专报、信息上报党中央、国务院和国家发展和改革委员会，还有的已转化为政策储备和可行措施印发实施。扎实开展优秀调研成果评选活动，评选出2019年度国家粮食和物资储备局机关优秀调研成果15篇和系统优秀调研成果24篇，并予以通报表彰，发挥了示范带动作用。

撰稿单位：国家粮食和物资储备局办公室
撰稿人：张宇阳
审稿人：方进

（三）战略性课题研究

2020年国家粮食和物资储备局战略性课题研究项目共5项，由中国粮食研究培训中心负责组织完成，取得了具有较高价值的研究成果，为分析与研判我国粮食安全形势、规制粮食损失浪费、培育跨国粮商、健全粮食金融服务体系、完善粮食安全政策和贯彻落实粮食“两藏”战略把住粮食安全主动权等提供了重要参考。

1.《落实“藏粮于地、藏粮于技”战略提升粮食综合生产能力研究》

课题客观分析评估当前粮食生产能力的基本情况和面临的问题，指出实施“两藏战略”的意义、有利条件与挑战。研究提出了实施“两藏战略”的着力点和保障措施建议。

2.《跨国粮商及我国粮食企业发展研究》

课题系统分析了美国ADM、邦吉、嘉吉，法国路易达孚和新加坡丰益国际五大跨国粮商的崛起及对世界粮食格局的影响，总结跨国粮商“走出去”的路径、特点与优势及对我国粮食企业国际化发展的启示。剖析了我国粮食企业“走出去”面临的困境与约束。研究提出了中国粮食企业打造跨国大粮商战略及对策措施建议。

3.《“十四五”期间和未来十五年我国粮食供求预测及风险管控研究》

课题基于我国粮食生产播种面积、机械化程度、化肥有效利用、育种技术、自然灾害、灌溉水平等影响因素，预测“十四五”期间及未来十五年我国粮食总体及各主要品种的产量。基于人口增加、收入增长、城镇化、替代品价格的影响因素，预测“十四五”期间及到2035年粮食总体及主要品种需求数量。综合分析“十四五”期间及到2035年粮食供求均衡情况，研判粮食安全状况，以及影响粮食供给的风险隐患和对粮食安全的影响，研究提出政策建议。

4.《粮食金融问题研究》

课题立足当前粮食金融服务发展现状，针对粮食产业金融供给中存在的问题，借鉴国外粮食金融发展经验，研究提出了金融支持粮食产业的政策建议。

5.《战略物资储备与上下游企业融合发展研究》

课题根据物资储备与上下游企业融合发展的现状及问题，剖析了战略物资和能源储备的收储轮换与上下游企业难以融合发展的深层次原因。研究提出构建具有中国特色的新兴战略物资储备与上下游企业融合发展的政策建议。

同时，中国粮食研究培训中心还开展了《关于粮食收储制度改革思路和实施路径建议》《政府粮食储备企业的内控治理机制研究》《多措并举规制粮食损失浪费》等重点课题研究，提出了相关政策建议和具体举措，对服务政策决策、推动实际工作发挥了积极作用。

撰稿单位：中国粮食研究培训中心

撰稿人：胡文国、李慧强

审稿人：颜波、陈玉中

（四）软科学课题研究

2020年国家粮食和物资储备局软科学课题研究重点方向是：加强法律法规制度建设、推进优质粮食工程、激发市场活力、健全储备体系及创新监管方式、防范化解风险隐患、科技和人才兴粮兴储等。中国粮食研究培训中心组织各省级粮食和物资储备局（粮食局），各司局、直属单位、联系单位，各垂直管理局，有关中央企业、院校及科研机构，以及“特约调研员”牵头组成的研究团队，紧密结合全国及各地工作实际，针对行业改革发展面临的重大现实问题，全面深入开展调查研究，形成了一批站位高、质量好、针对性强的软科学研究成果。经评价，共有60项课题顺利结题。其中，国家粮食和物资储备局规划建设司《“十四五”时期粮食物流通道布局优化研究》等31项研究成果被评价为具有较高学术水平和实用价值，国家粮食和物资储备局信息化推进办公室《充分发挥信息化优势助力创新储备监管方式研究》等29项研究成果被评价为具有一定学术水平和实用价值。

撰稿单位：中国粮食研究培训中心

撰稿人：刘珊珊、高丹桂、崔菲菲、张慧杰

审稿人：颜波、王世海

（五）自然科学研究

一是聚焦核心职能，推动行业科技发展，征集遴选科技成果、科研机构、创新团队和科普作品，举办粮食机械装备发展论坛，发布《2018—2019年度粮油科学技术学科发展报告》，推荐4项前沿科学问题和4项工程技术难题。二是围绕核心工作，持续推动开拓创新，举办学术会议14次，参会代表2000多人次，交流科研成果300多项；举办中国粮油学会第十届学术年会暨第七届全谷物与健康食品国际研讨会；评出2020年度科学技术奖获奖项目26项，完成“油脂预脱色新技术研发与应用”等11个项目的科技成果评价；《中国粮油学报》在中国知网上首发320篇稿件，被北京大学图书馆《中文核心期刊要目总览》收录。三是加强与国际组织交流，提升国际话语权，中国粮油学会作为国际谷物科技协会（ICC）国家会员代表，参与了ICC会员视频大会，积极支持ICC发起成立第一届全谷物理事会的方案，研究推举卞科教授为ICC 2021—2022届待任主席候选人。

撰稿单位：中国粮油学会

撰稿人：王莉蓉、魏然、左巍

审稿人：王莉蓉

专栏 10　“科技兴粮兴储”

2018 年 5 月《关于“科技兴粮”的实施意见》印发以来，粮食系统不断强化科技创新和人才工作，坚持创新驱动，培育改革发展新动能。2020 年，各地粮食行政管理部门逐渐完善了政策体系，激发了行业新活力。四川、浙江、江苏等省份共建研究院实验室联合开展技术攻关，安徽培育行业高新技术企业 52 家、国家级研发机构 25 个。产学研融合发展服务区域好粮油产业升级，天府菜油、吉林大米、江苏稻米、广西粮油等创新联盟促进产业高质量发展。科研机构积极承担国家科技计划，企业技术创新主体作用进一步巩固。科研项目开发的粮油适度加工成果，为减少粮食加工损失提供了有效支撑。编制物资储备科技发展指导意见，为发挥科技创新促进物资储备高质量发展摸索创新发展路径。未来五年正值粮食和物资储备“深化改革、转型发展”的关键时期，发挥好科技和人才的支撑作用至关重要。全系统要认真学习领会习近平总书记关于创新发展的重要论述，提高站位，着眼长远，立足新职能新形势，聚焦发力，强化投入、服务、政策和环境保障，培育适应粮食和物资储备高质量发展需要的创新体系，坚持问题导向、目标导向、结果导向，高标准、严要求、谋实招、求实效，推动科技和人才兴粮兴储取得丰硕成果。

撰稿单位：国家粮食和物资储备局安全仓储与科技司

撰稿人：管伟举、王旸

审稿人：王宏、张成志、王旭

二 决策咨询

2020年，面对突如其来的新冠肺炎疫情、世界经济深度衰退等多重严重挑战，国家粮食安全政策专家咨询委员会紧紧围绕党中央、国务院关于粮食工作的重大决策部署和国家粮食和物资储备局党组的重点工作要求，立足中华民族伟大复兴战略全局和世界百年未有之大变局“两个大局”，聚焦全面落实国家粮食安全战略和乡村振兴战略，以完善保障国家粮食安全的制度政策为主线，坚持服务大局，在调查研究、专题咨询、论证评估、建言献策等方面做了大量工作，为服务国家粮食安全政策决策发挥了重要作用。专家委员克服疫情，通过线上线下、书面电话等方式，积极参加专题咨询会、全体委员会、报告会、撰写文稿、解读政策等，专家建议和意见得到了习近平总书记等中央领导同志的肯定性批示，有关专报信息多次得到国务院领导同志肯定性批示，有力地推动了实际工作。粮食专咨委秘书处还围绕马铃薯产业高质量发展、我国在全球粮食安全指数的排名上升至第35位、沙漠蝗虫对世界粮食市场的影响分析、我国未来燃料乙醇发展方向、“十四五”粮食产业高质量发展规划、完善粮食主产区利益补偿机制、针对新冠肺炎疫情加强粮食安全治理、警惕短期玉米市场波动高度重视产需缺口扩大态势、“全球粮食安全报告发布：全球面临严重粮食危机人口可能从1.35亿增至2.65亿”等国内外重大问题、重要信息进行深入研究分析，及时编译，形成报告，提出了许多具有重要参考价值的意见和建议，相关成果得到国务院领导同志肯定性批示，全年共编印《专家咨询动态》7期，《粮食和物资储备研究》20期，印送《国家粮食安全政策专家咨询委员会课题研究成果汇编(2019年度)》，促进专家委员沟通交流。

（一）专家咨询课题研究

2020年，国家粮食安全政策专家咨询委员会组织相关专家开展了《利用两个市场两种资源做好粮食市场和流通文章的研究》《粮食“产购储加销”协同联动机制研究》《深入实施优质粮食工程加快建设粮食产业强国的有效路径与创新举措研究》《加强粮食应急保障体系建设的研究》《强化粮食安全省长责任制的考核机制研究》《创新完善政府储备粮规模、结构、布局和收储轮换制度研究》等6项重点课题研究工作，研究成果直接服务国家粮食和物资储备局党组决策，为推动政策决策发挥了积极作用。

（二）决策咨询

2020年，以“新时代完善保障国家粮食安全的制度政策”为主题，以“粮食产业高质量发展”为主线，聚焦保障国家粮食安全制度政策、深入推进优质粮食工程、粮食应急预案等重点工作，组织召开专题咨询会。为国家粮食和物资储备局党组科学决策、推动实际工作，服务国家粮食安全战略决策发挥了积极作用。一是组织召开2020年国家粮食安全政策专家咨询委员会通讯会议。结合王春正、陈锡文、张晓强、赵中权等29位专家委员对“2020年全体委员会议暨第一次专题咨询会议”的意见，以及专家领导对“新时代保障国家粮食安全制度政策”专题咨询会议的意见建议，认真梳理研究撰写了《专家建议加快完善粮食安全制度政策在更高层次上保障国家粮食安全》报告，向中办国办报送信息，向国务院领导同志报送专报，获得习近平总书记等中央领导同志的重要批示，为推动实际工作发挥了重要作用。二是认真组织召开国家粮食应急预案专家论证会。专家委员围绕《国家粮食应急预案》积极建言论证，起草形成了有关专家评估意见，对于推动文件出台起到积极作用。三是认真组织召开“深入推进优质粮食工程加快粮食产业高质量发展”专家咨询会。专家委员对深入推进优质粮食工程和“十四五”粮食产业高质量发展有关重要文件和规划进行把关指导，提出了具有建设性的意见和建议，为进一步压实粮食安全省长责任制，在更高层次上保障国家粮食安全献智献策。

（三）其他方面

一是围绕应对粮食舆情、粮食安全形势、优质粮食工程等主题，邀请专家委员在中央主流媒体积极进行权威解读和舆论引导，全年发表文稿20余篇，主动回应社会关切，营造推动工作的良好氛围。二是精心组织重大活动，营造推动粮食产业高质量发展的舆论氛围。在优质粮食工程现场经验交流会期间成功举办“深入推进优质粮食工程加快粮食产业高质量发展”报告会，邀请粮食专咨委主任委员张晓强、粮食专咨委委员朱泽作专题报告，放大会议成效。

撰稿单位：国家粮食安全政策专家咨询委员会秘书处

撰稿人：亢霞、郝晓燕

审稿人：颜波、陈玉中

三 人才发展

（一）粮食行业机构总数 5.27 万个

2020 年末，全国各类粮食行业机构 5.27 万个，与去年同期持平。其中，各级粮食行政管理部门总数为 2533 个，事业单位 1864 个。纳入统计范围的各类涉粮企业 48304 个，同比增加 64 个。其中，国有及国有控股企业 13056 个，占 27.0%；非国有企业 35248 个（其中港澳台商及外商企业 781 个），占 73.0%。从所在地看，河北、云南及四川当地所设行政机关最多，分别为 158、147 和 145 个；黑龙江、河南及江苏分别设有 5969、4458 和 3101 家涉粮企业，为前三位。

（二）粮食行业从业人员 194 万人

2020 年末，粮食行业从业人员 194 万人。从单位性质看，行政机关 3.54 万人，事业单位 2.96 万人（其中参公管理事业单位 0.75 万人），各类涉粮企业 187.23 万人。其中，国有及国有控股企业 48.50 万人，非国有企业 138.73 万人。

1. 粮食产销区从业人员数量保持稳定

粮食主产区从业人员 135.33 万人，占总人数 69.9%；主销区从业人员 31.42 万人，占总人数 16.2%。河南、山东、安徽、黑龙江、江苏、广东、四川 7 个省份从业人员超过 10 万人，与上年相同。河南、山东、安徽 3 省继续保持前三位，从业人员数量分别达 21.05 万人、17.27 万人、16.30 万人。青海从业人数仍为最少，仅 2929 人。

2. 长期职工队伍年龄结构不断优化

从业人员中，在岗职工 191.08 万人，其中长期职工 172.40 万人，占 90.2%；临时职工 18.69 万人，占 9.8%。长期职工占比与去年同期基本一致。2020 年末，在长期职工中，35 岁及以下人员 59.01 万人，占长期职工总数 34.2%，同比上升 0.4 个百分点。从所属地看，贵州、天津、新疆、宁夏及广东五省 35 岁及以下长期职工占比较高，分别位于前五位，年龄结构改善明显；江西、吉林、湖北和甘肃四省 46 岁以上长期职工占比较大。从单位性质看，行政机关 46 至 54 岁人员占比最高，为 34.3%，涉粮企业 35 岁及以下人员占比最高，为 34.7%，同比上升 4.1 个百分点。

3. 行业从业人员学历结构持续改善

从长期职工学历结构看，大学专科及以上人员 59.5 万人，占 34.5%；高中及以下人员 85.40 万人，占 49.5%。从单位性质看，行政机关和事业单位学历结构明显好于涉粮企业。行政机关和事业单位大学本科及以上人员 3.51 万人，占 56.7%；涉粮企业高中及以下的低学历人员占 51.1%，同比下降 0.5 个百分点。从所属地看，北京、天津、上海、江苏和海南五省（直辖市）本科及以上人员占比较高，分别位于前五位。

4. 技术技能人才队伍进一步充实

长期职工中，国家公务员 2.13 万人，事业单位管理人员 1.71 万人，企业经营管理人员 26.65 万人。专业技术人员 22.90 万人，工人 118.99 万人。在专业技术人员中，高级职称 1.39 万人，占 6.1%(其中正高职称 4134 人，占 29.78%)，与去年同期基本持平；中级职称 58797 万人，占 29.7%，同比增加 3 个百分点。在工人中，技术工人 38.75 万人，占 32.6%，其中，高级技师 8469 人，同比增加 680 人。

（三）粮食行业培训 221 万人次

全国粮食行业共举办各类培训班 10.5 万期，受疫情影响，培训班次同比减少 300 期；累计培训 221.5 万人次，通过视频远程培训等方式弥补现场培训不足的缺口，参训人数同比增加 6.6 万人次，参训率处于较高水平。

撰稿单位：国家粮食和物资储备局人事司
撰稿人：李涛、曲贵强、程鹏
审稿人：贯骞、李寅铨

专栏 11 “人才兴粮兴储”

（一）着力提升党政人才专业素质

聚焦粮食和物资储备深化改革、转型发展需要，面向各省（自治区、直辖市）粮食和物资储备局（粮食局）党政干部举办 9 期培训班，积极推广线下 + 线上培训方式，组织 4157 人次参加“优质粮食工程”、执法督查、战略物资管理、安全生产等具有针对性、实用性的业务培训，提高履职尽责能力。各级粮食和物资储备行政管理部门和有关中央企业也结合自身重点工作，积极组织开展业务培训，提升干部职工专业素质。

（二）加大专业技术人才知识更新力度

加大专业技术人才知识更新力度，以安全生产管理能力提升为主题，申请 1 期高级研修项目入选人社部国家级专业技术人才知识更新工程，并于河南省郑州市成功举办。组织 66 名具有高级职称的专业技术人才，围绕我国安全生产管理政策，粮油仓储、加工和综合物资、油气储运等专业领域安全生产管理和技术要求，信息技术在安全生产管理中的应用等内容开展研修。

（三）着力选拔培养高层次人才

组织开展第二批全国粮食行业领军人才、第三批全国粮食行业青年拔尖人才选拔工作，产生第二批全国粮食行业领军人才 3 名、第三批全国粮食行业青年拔尖人才 8 名，资助其围绕行业发展急需紧缺领域，自主选题、自组团队开展研究。全国粮食行业领军人才总数达到 6 名、全国粮食行业青年拔尖人才总人数达到 25 名。着力加强高级工、技师、高级技师培训力度，新增近千名高技能人才。

（四）举办全国粮食和物资储备人才供需对接活动

为贯彻落实《关于“人才兴粮”的实施意见》有关部署，进一步推动深化产教融合，完善校企合作平台，促进院校和企事业单位以对接人才供需信息为抓手，全面深化人才培养合作。粮食和物资储备科技活动周期间，按惯例继续举办全国粮食和物资储备人才供需对接活动，组织全国粮食和物资储备职业院校展，集中发布 33 所涉粮涉储院校和 499 家粮食和物资储备企事业单位人才供给和需求信息，召开全国科技和人才兴粮兴储工作经验交流会，总结成果经验，分析形势任务，部署统筹兴粮兴储，一体推进科技和人才有关工作。

撰稿单位：国家粮食和物资储备局人事司
撰稿人：曲贵强
审稿人：贾骞

四 粮食行业技能鉴定与职业教育

（一）持续高质量开展行业技能鉴定工作

2020年，粮食行业进一步深入贯彻落实“人才兴粮”，持续、高质量培养粮食行业专业技能人才，为保障国家粮食安全，推动粮食产业高质量发展提供源源不断的技能人才支撑。根据新冠肺炎疫情防控及人力资源社会保障部相关要求，上半年取消了技能鉴定统一考试，下半年于9月份恢复统一考试，各地区单独安排鉴定。全年共增加单独鉴定60余次，共开展鉴定10123人次，包含（粮油）仓储管理员、农产品食品检验员、制粉工、制油工4个职业，鉴定合格获证人数6188人次，合格率61.13%，合格率同比增长4个百分点，基本满足行业职工和在校学生的技能提升需求。

根据粮食行业职业技能鉴定工作需求，组织行业骨干专家，依据人力资源社会保障部相关工作规程和相关国家职业技能标准，更新了（粮油）仓储管理员、农产品食品检验员两个职业的初、中、高级工题库，修订出版了《（粮油）仓储管理员（初级中级高级）》《农产品食品检验员（初级中级高级）》（第二版）培训教程。新版教程更新了相关操作标准，适当减少理论内容，强化操作技能叙述，各级别技能水平的梯度体现得更充分，实用性进一步增强。新教程和题库的启用，为技能鉴定工作主体由行业部门向社会培训评价组织平稳过渡提供资源保障。

（二）扎实有序推进技能人才评价改革

根据国务院“分步取消水平评价类技能人员职业资格，推行社会化职业技能等级认定”的总体部署和人力资源社会保障部相关文件要求，粮食行业认真贯彻职业技能等级制度，为积极推动行业技能鉴定社会化发展，保证衔接过渡平稳，研究制定了《粮食行业职业技能等级认定试点工作方案》，有序推进粮食行业等级认定试点工作。

从2021年起，粮食行业部门不再组织开展行业特有工种职业技能鉴定工作，不再颁发职业资格证书，改由经人力资源社会保障部门备案的社会培训评价组织（第三方机构）和用人单位（企业）承接粮食行业职业技能等级认定工作，颁发职业技能等级证书。职业技能等级证书与原职业资格证书具有同等效力，获证人员根据有关政策享受同等待遇，已发放的职业资格证书继续有效。

（三）扎实推进行业职业教育相关工作有序开展

1. 开展行业需求调研优化专业布局

一是为加快推动粮食行业高层次技术技能人才培养，更好地服务现代粮食职业教育一体化建设，粮食教指委结合行业职业教育实际，组织行业相关职业院校编制本科层次职业教育试点粮食类专业建议。经教育部评审，采纳并通过了本科层次职业教育现代粮食工程技术专业设置建议，填补了粮食类专业在本科层次职业教育专业设置上的空白。二是以粮食行业人才需求为导向，立足粮食行业企业人才现状，组织分委会相关单位撰写《全国粮食行业人才培养现状分析及供需平衡对策研究》，以科学方法推演和预判行业发展对人才需求的趋势，提出分析和解决问题的方法，切实做到精准发力，为发展粮食行业职业教育制定决策提供依据。

2. 完成专业目录修（制）订工作

结合推进粮食产业经济发展对职业技术技能人才的能力要求，对照现行的专业目录和专业简介，在充分研究和分析的基础上，粮食教指委组织完成中等职业学校《粮油和饲料加工技术》、高等职业院校《粮食工程技术与管理》《粮油储运与质量安全》专业修（制）订工作，已顺利通过教育部评审并即将颁布试行。

3. 组织开展教师实践锻炼活动

为推动“双师型”专业教师队伍建设，2020 年 6 月，粮食教指委安排 9 所中高职院校的 10 名中青年教师开展为期 2 个月的岗位实践锻炼活动。其中粮油储检类专业教师 4 名，粮油加工类专业教师 2 名，粮油财经类专业教师 1 名，生物化学类专业教师 1 名，行政管理型教师 2 名。承担本次实践锻炼活动的企事业单位共有 9 家，其中粮油仓储企业 5 家，粮油质检机构 3 家，粮油加工企业 1 家。在粮食职业院校和有关企事业单位的通力合作下，粮食行业企业和职业院校之间促进了合作，营造了共同提高人才培养质量、共育行业粮工巧匠的良好氛围。

撰稿单位：中国粮食研究培训中心
撰稿人：王小可、鞠志远
审稿人：颜波、赵广美

五 信息化建设

（一）着力谋划信息化发展的顶层设计

1. 科学编制《“十四五”粮食和物资储备信息化发展规划》

充分研判“十四五”信息化发展面临的新形势、新机遇、新挑战，把握行业信息化发展方向，高质量谋划“十四五”粮食和物资储备信息化发展规划。着重研究基础性、关键性、前瞻性问题，提出总体的发展目标，明确行业信息化发展的主要任务和建设项目，修改完善涉及储备全品类、粮食全产业链的数据采集、网络安全、互联互通等通用核心标准规范，形成严谨的指标体系，强化规范引领，同步开展项目立项工作，为全面提升储备监管智能化水平、推动粮食产业数字化转型发展、提升信息化服务保障能力打下坚实基础。

2. 充分发挥信息化标准引领作用

在2020年“整合资源、打通数据、贯通应用”取得显著成效的基础上，总结有益经验做法，进一步细化工作方案，发布了《数据互通共享和视频监控系统互联互通两个技术规范的通知》《加快推进粮食信息化平台互联互通的通知》《高质量完成粮食行业信息化平台互联互通工作的通知》，持续规范数据及视频对接标准，加快推进与各省及中储粮集团互联互通，切实提高数据传输质量效率，开发数据质量评价系统，为完善信息化标准规范体系提供基础支撑。

3. 做好新办公区信息化基础设施设计方案

为切实做好新办公区综合改造信息化基础设施建设，按照“同步设计、同步建设、同步迁移”的要求，明确综合布线点位等具体施工要求，重点设计应急指挥中心等信息化实施方案，按照交付时间倒排工期，与基建办协同推进项目建设，确保按期竣工。结合信息系统整合优化和网络资源整合，目前已具备网络、机房、平台、应用、安全和运维整体迁移条件，待整体搬迁至25号院新办公区后集中展示信息化整体成效。

（二）持续巩固拓展行业“一整两通”

1. 国家粮食和物资储备局机关信息化资源整合落地

制定“一整两通”细化方案，从网络、平台、应用、机房、安全、运维六个方面全方位推动资源整合。涉密内网整合全面完成，实现局机关、直属单位、垂管系统“一网通”。平台整合落地见效，形成涵盖机关、事业单位、垂管局、储备仓库的大平台。机房、应用进一步整合优化，信息化资源整合的目标基本实现。保密水平不断提升，安全性能不断增强，进一步构建安全可靠的运行环境。

2. 粮食行业“一整两通”强化升级

持续开展粮库智能化升级改造，完成30个省份数据互通和25个省份视频接入，实现国家粮食和物资储备局平台与中储粮集团公司平台及各省平台“数据通”、“视频通”。依托粮库智能化升级改造和中储粮集团公司既有信息化资源，建成全国粮食储备布局地理信息系统，实现中央储备库全覆盖、省级储备库覆盖率达72%、市县级储备库覆盖率达65%，形成储备布局“一张图”、数据“一张表”。通过“一整两通”工作督促各省加快项目建设。召开“粮食信息化平台互联互通调度会”，进一步压实责任，保障高质量完成粮库智能化升级改造，与2019年相比，开工率由95%上升至99%，完成率由73%上升至78.5%。

3. 物资储备“一整两通”稳步推进

积极开展物资储备“一整两通”，推进整合完善，初步形成垂管系统数据通、视频通整体方案，下发互联互通规范。推动建设能源和医疗物资储备动态台账，建立能源数据定期获取机制，细化能源台账数据格式，初步形成数据内容清单，基本完成12个省份医疗物资数据可视化展示。国家物资储备信息系统二期工程进入分保验收环节，整体由建设向应用转变，积极开展战略物资、能源储备布局地理信息系统建设工作，扩大储备信息化建设范围，全面提升监管、服务、应急和决策功能。

（三）全力提升信息化服务水平

1. 监测与行政监管信息化水平明显提高

依托“粮安工程”粮库智能化升级改造，业务数据、粮情检测、视频监控实现互联互通，国家平台对库点视频数据实现实时调取。多次梳理业务数据，掌握数据关联性，强化动态监控，创新监管方式，为“数量真实、质量良好”监测监管提供技术支撑。协助业务司局推进中央储备粮库存动态监管系统、战略物资大清查系统等项目建设和验收工作，建立完善全国粮食储备布局地理信息系统，全面推进“互联网＋监管”。

2. 积极推动信息化深入应用

2020年，整合优化互联网门户网站、业务系统、管理系统、共享平台、数据中心、安全系统、运维系统，形成物理统一逻辑分级授权的大平台，并逐步将各司局分散的运维工作纳入一体化管理，降低运维成本，实现信息化从建设为主向建设、应用、维护并重转变。截至2020年12月，各司局通过OA办公系统线上办文1740件，协同事项538件。印发《国家粮食和物资储备局视频会议使用管理办法》，加强视频会议推广应用和管理，进一步发挥降费增效作用，2020年各司局通过涉密网和互联网召开各类会议45次，其中全国性会议13次。充分利用现有云资源，将新建系统统一部署上云，形成“一个数据中心＋一个平台”云架构格局，为国家粮食和物资储备局数据安全中心建设奠定基础。

3. 实现政务服务“一网通办”

按照国务院构建全国一体化在线政务服务平台的总体工作要求，在国家平台上建设完成国家粮食和物资储备局政务服务门户，实现全局政务服务事项“一网通办”，并与各地区和国务院有关部门政务服务平台互联互通、数据共享、业务协同，依托国家政务服务平台办理跨地区、跨部门、跨层级的政务服务业务。目前，国家粮食和物资储备局政务服务旗舰店共接入了10项应用，包括：全国粮食系统先进集体、劳动模范和先进工作者，部门预决算，国家粮油统计信息发布，行业标准全文公开，职业资格鉴定证书查询，爱粮节粮科普宣传，标准跟踪评价及意见反馈，标准公开征求意见，粮食法律法规查询，国家粮油综合信息查询。实现政务服务事项"应上尽上"，全面推进"一网通办"。

撰稿单位：国家粮食和物资储备局信息化推进办公室

撰稿人：杨正、彭守根、邝琼、葛亮、修阳、张维、张杰才、袁鸿珊、刘欣欣、史策、赵文博

审稿人：卜轶彪、于英威

专栏 12 科学编制“十四五”规划

“十四五”时期是我国全面建成小康社会、实现第一个百年奋斗目标之后，乘势而上开启全面建设社会主义现代化国家新征程、向第二个百年奋斗目标进军的第一个五年。世界百年未有之大变局加速演进，呈现竞争优势重塑、经贸规则重建、力量格局重构的叠加态势，我国已转向高质量发展阶段，正处于转变发展方式、优化经济结构、转换增长动力的攻坚期，带来一系列新机遇和新挑战。科学编制“十四五”规划对推动粮食和物资储备深化改革转型发展、更高水平保障国家粮食安全和充分发挥国家储备“压舱石”“稳定器”作用意义重大。

党的十九届五中全会和《中华人民共和国国民经济和社会发展第十四个五年规划和2035年远景目标的纲要》（以下简称《纲要》）立足新发展阶段、贯彻新发展理念、构建新发展格局，以高质量发展为主题，统筹发展和安全，在实施粮食安全战略、能源资源安全战略、乡村振兴战略，以及完善国家应急管理体系等多个方面，对粮食和物资储备工作作出重要部署。按照党中央、国务院决策部署，为深入贯彻落实《纲要》，正在组织编制《“十四五”粮食产业高质量发展规划》《“十四五”粮食仓储物流基础设施建设规划》《“十四五”粮食和物资储备科技和人才发展规划》《“十四五”粮食和物资储备信息化发展规划》等粮食和物资储备领域专项规划，聚焦国家粮食和物资储备安全核心职能，加快粮食产业高质量发展，牢牢把住粮食安全主动权，大力推进粮食生产、储备和流通能力建设，健全统一高效的国家储备体系，加强储备防范和化解重大风险能力建设，围绕加快构建更高层次、更高质量、更有效率、更可持续的国家粮食和物资储备安全保障体系，重点在“七个坚持、七个统筹”上下功夫。

一是坚持立足国内，统筹强化粮食产购储加销协同保障。实施粮食安全战略，完善重要农产品供给保障体系，坚持藏粮于地、藏粮于技，在提高粮食综合生产能力的基础上，立足全链条保障粮食安全，创新完善粮食产购储加销体系，确保谷物基本自给、口粮绝对安全，把中国人的饭碗牢牢端在自己手中，而且主要装中国粮。

二是坚持精准调控，统筹提升粮食收储调控能力。深化粮食收储制度改革，统筹抓好政策性收购和市场化收购，加快培育多元市场购销主体，引导建立优粮优价市场运行机制。改革完善中央储备粮管理体制，科学确定政府储备规模，优化品种结构和区域布局，加强地方储备管理，建立合理企业储备。健全粮食市场体系，完善国家粮食交易平台体系，强化监测预警，保障市场供应和价格稳定，深化粮食产销对接，继续办好中国粮食交易大会和区域性洽谈会，推动粮食供应链各环节有机融合，在更高水平上实现供需动态平衡。

三是坚持高质量发展，统筹实施优质粮食工程。坚持"粮头食尾"和"农头工尾"，抓好粮食产业链、价值链、供应链"三链协同"，推进优粮优产、优购、优储、优加、优销"五优联动"，统筹开展粮食绿色仓储提升、品种品质品牌提升、质量追溯提升、机械装备提升、应急保障能力提升、节约减损健康消费提升"六大行动"，强化龙头企业带动，加快构建现代化粮食产业体系，提高粮食产业质量效益和竞争力，着力增品种、提品质、创品牌，更好满足人民群众从"吃得饱"到"吃得好"的消费需求。

四是坚持全链条管控，统筹推动节粮减损和健康消费。加快推进粮食产后服务体系建设，大力推广绿色低温储粮技术，强化标准引领，推广口粮适度加工，鼓励发展粮食循环经济，提升副产物综合利用水平，有效降低粮食生产、储存、运输、加工环节损耗。加强粮食安全宣传教育，开展世界粮食日和全国粮食安全宣传周等主题活动，发挥粮食安全宣传教育基地作用，开展"爱粮节粮"进学校、进机关、进企业、进社区活动，倡导绿色健康消费习惯，营造厉行节约、反对浪费的社会新风尚。

五是坚持优化协同高效，统筹提升储备安全保障能力。加快健全国家储备体系，完善储备运行机制，逐步形成中央储备与地方储备、政府储备与企业储备、实物储备与能力储备互为补充、协同高效、保障有力的发展格局。优化粮棉糖、石油、应急物资储备品类、规模和布局结构，提升储备设施资源利用效能，提高快速反应和协同保障能力，确保平时备得足、储得好、管得住，关键时刻拿得出、调得快、用得上。

六是坚持改革创新，统筹推进治理体系和治理能力现代化。健全粮食和物资储备法律法规体系，加快制定粮食安全保障法、粮食储备安全管理条例，推动实施《粮食流通管理条例》。实行党政同责，强化粮食安全省长责任制，加强中央储备粮棉管理和中央事权粮食政策执行情况考核。创新强化监管执法，健全垂直监管体系，发挥12325监管热线作用，加大涉粮涉储违法违规案件查处力度。深入实施科技和人才兴粮兴储，推进先进粮食加工装备研发和产业化，推广应用智能化物流技术和装备。

七是坚持补短板强弱项，统筹推进基础设施建设。加快完善"通道＋线路＋枢纽＋节点"的粮食物流骨干网络，整合布局一批大型粮食物流枢纽和园区，建设高标准粮仓，提升绿色智能仓储功能，加快粮食应急保障中心建设，提高应急分拨集散和通道衔接能力，建成布局合理、功能完备、安全可靠、运转高效的粮食仓储物流体系。加快物资储备基础设施建设，推进储备设施功能综合化、保障基地化、布局网络化、管理智能化。全面推进“数字粮储”建设，实现储备动态监管和应急指挥调度，加快粮食产业数字化转型。

撰稿单位：国家粮食和物资储备局规划建设司

撰稿人：周世东

审稿人：钱毅、张保国、晁铭波

第十三部分

对外开放与国际合作

一 粮棉糖进出口

（一）粮食

据海关统计，2020 年我国粮食进口 14262 万吨，比上年增加 3118 万吨，增幅 28%。

1. 大豆

2020 年我国大豆进口 10033 万吨，比上年增加 1182 万吨，增幅 13%。其中，巴西大豆 6428 万吨，增幅 11%，占比 64%；美国大豆 2589 万吨，增幅 53%，占比 26%；阿根廷大豆 746 万吨，降幅 15%，占比 7%。

2. 小麦

2020 年我国小麦进口 838 万吨，比上年增加 489 万吨，增幅 140%。其中，自法国、加拿大、美国、澳大利亚和哈萨克斯坦进口分别为 239 万吨、230 万吨、165 万吨、122 万吨和 21 万吨，占比 29%、27%、20%、15% 和 3%。自法国、加拿大、美国、澳大利亚进口比上年分别增加 191 万吨、64 万吨、141 万吨、103 万吨，自哈萨克斯坦进口比上年减少 21 万吨。

3. 玉米

2020 年我国玉米进口 1130 万吨，比上年增加 651 万吨，增幅 136%。其中，自乌克兰、美国、保加利亚和俄罗斯进口分别为 630 万吨、434 万吨、26 万吨、14 万吨，分别比上年增加 216 万吨、402 万吨、25.6 万吨、6.8 万吨，分别占比 56%、38%、2%、1%。

4. 大米

2020 年我国大米进口 294 万吨，比上年增加 39 万吨，增幅 15%。其中，自缅甸、越南、巴基斯坦和泰国进口分别为 91 万吨、79 万吨、47 万吨和 36 万吨，分别占比 31%、27%、16%和 12%。

据海关统计，2020 年我国粮食出口 355 万吨，比上年减少 80 万吨，降幅 18%。其中，大米 230 万吨，减少 45 万吨；玉米 3315 吨，减少 2.3 万吨；大豆 8 万吨，减少 3.4 万吨。

（二）食用油

2020 年全球油脂油料供需趋紧；我国食用植物油进口有所增加，全年进口 983 万吨，比上年增加 30 万吨。其中，棕榈油 466 万吨，减少 95 万吨；豆油 96 万吨，增加 13 万吨；菜籽油 193 万吨，增加 31 万吨。进口油菜籽 311 万吨，增加 37 万吨。

我国食用植物油出口较少。2020 年出口 17.1 万吨，比上年减少 9.6 万吨。其中，豆油 10.8 万吨，减少 8.9 万吨，占出口总量的 63%。

（三）棉花

据海关统计，2020 年全国累计进口棉花 215.8 万吨，同比增长 16.7%。从进口来源国看，美国位居首位，进口量 97.7 万吨（占

45%），增长 171%；其他主要来源国依次为巴西（61.8 万吨，占 29%）、印度（25.3 万吨，占 12%）、澳大利亚（11.7 万吨，占 5.4%）、苏丹（3.2 万吨，占 1%）。

（四）食糖

据海关数据，2020 年全国累计进口食糖 527 万吨，较上年增长 55%。从进口来源国看，巴西位居首位，进口量 139 万吨（占 41%），其他主要来源国为泰国（74 万吨，占 22%）、古巴（42.7 万吨，占 13%）。2020 年全国累计出口食糖 18.6 万吨，较上年下降 5.2%。

二　对外交流与合作

（一）稳步推进“云外事”工作，开展线上双边交流合作

坚持创新对外交流方式方法，积极开展“云外事”工作，与乌克兰经贸农业部就双方合作谅解备忘录签署文本达成一致，并进一步商讨签署安排。与韩国调达厅就推动签署双方合作谅解备忘录事交换意见，达成签署意向。与阿根廷农业产业部、乌拉圭牧农渔业部等就新冠肺炎疫情下加强粮食安全保障开展部长间信函交流。与阿联酋、哥伦比亚、法国等国驻华大使建立工作联系。同马来西亚农业部加强联系，支持其作为 2020 年亚太经合组织（APEC）东道主的各项工作。延续与新西兰多年来在粮食系统服务水平提升方面的密切合作，协助为其 APEC 区域粮食服务业（水产领域子项目）研究课题招标工作组推荐专家成员，与新西兰初级产业部沟通对接。与日本外务省和农林水产省在亚太粮食信息系统改革方面开展交流合作。

（二）落实中非合作论坛北京峰会精神，拓展同非盟粮食领域国际合作

深入贯彻习近平主席关于秉持真实亲诚理念和正确义利观、促进中非全面合作的重要指示，推进在中非合作论坛北京峰会“八大行动”和共建“一带一路”框架下的粮食领域务实合作。为推进落实国家粮食和物资储备局与非盟委员会加强粮食领域合作谅解备忘录，建立国家粮食和物资储备局落实合作谅解备忘录的对非合作工作机制。与非盟委员会、我驻非盟使团密切沟通联系，加强与国家发展和改革委员会、国际发展合作署、外交部、商务部等国内相关部门的联络沟通，共同推动中非粮食安全合作工作。非盟农业委员萨科在接受央视专访时，专门提到非盟委员会与国家粮食和物资储备局签署了粮食合作谅解备忘录并就粮食产后减损合作项目达成重要共识，感谢中方在这个重要领域的支持，他特别提到与中国合作将使更多非洲国家在减少粮食产后损失方面取得积

极进展，造福非洲人民，推动实现非洲社会可持续发展目标。推动与非盟委员会加强粮食产后领域能力建设，支持非盟委员会于2021年召开第三届全非粮食产后减损大会暨展览会，组织国家粮食和物资储备局科学研究院、丰尚集团等相关单位参与大会组委会工作。

（三）服务外交大局，提升参与全球粮食安全治理能力

积极加强与联合国粮农组织（FAO）、联合国世界粮食计划署（WFP）、国际谷物理事会（IGC）、亚太区域农业和粮食市场联合会（AFMA）等粮食领域相关国际组织的交流与合作，不断加强粮食领域多边合作，进一步提升我国参与全球粮食安全治理能力。认真发挥引领作用，履行APEC粮食安全政策伙伴关系机制（PPFS）中国政府代表单位职责，积极参与项目设计实施，促进APEC粮食领域务实合作，提高我国在亚太粮食安全领域话语权。2020年年初派出代表团赴马来西亚参加PPFS会议，顺利完成工作，同时积极宣传中国在抗疫和粮食保供稳价方面的举措和成果，彰显中国抗疫情稳粮安负责任大国形象，得到国际社会的高度评价。提高我国政府部门、研究机构、企业界和行业协会在参与APEC粮食安全合作方面的广度和深度，扩大中国粮食安全政策国际影响力。以“发挥2014年北京APEC会议后续影响力，合力做好《粮食安全路线图》”盘点为契机，组织商务部、农业农村部、自然资源部、海关总署、市场监管总局等十多个部委全面参与《粮食安全路线图》实施情况调查，全面客观地总结中国过去5年来在粮食安全领域所取得的重要成就和为全球粮食安全做出的贡献。组织中粮集团、中国粮食行业协会、国家粮食和物资储备局科学研究院等单位，组建PPFS非政府代表团，参加PPFS全年各项工作，提高多边治理体系中私营部门和企业的参与和贡献。与外交部、农业农村部等共同配合，参与2020年粮食领域重要成果文件《APEC应对新冠肺炎疫情粮食安全部长声明》的多轮磋商。

（四）创新粮食领域南南合作，推动落实联合国2030年可持续发展议程

持续加强与联合国世界粮食计划署（WFP）的合作，在双方合作谅解备忘录框架下，推动南南合作，把中国在粮食仓储体系管理、产后节粮减损、产后服务、促进小农户与市场衔接等方面的技术和经验等推广到需要更多帮助的广大发展中国家，共同提高全球粮食安全水平、改善全球营养状况，推动落实联合国2030年可持续发展议程。支持WFP中国卓越中心连续举办3期粮食产后减损管理网络研讨会，通过及时高效的方式，与发展中国家，特别是非洲国家，展示分享了我国在疫情期间保障粮食安全、粮食供应、市场稳定及减少产后损失方面的经验、技术和做法，并呼吁各国秉持人类命运共同体理念，坚持加强国际粮食安全合作，共商粮食安全保障大计，共同致力于维护世界粮食安全。70个国家600余名参会者参与了在线交流讨论，会议取得圆满成功，受到了参会各方的高度赞赏。积极参加

WFP南南合作战略分析会，参与WFP中国国别战略计划实施情况评估等，协助WFP制定新的国别战略计划，促进粮食领域南南合作需求对接。

（五）推动粮食安全区域合作，开展亚洲合作对话（ACD）“粮食、水与能源安全相互关系”支柱领域合作

国家粮食和物资储备局作为ACD“粮食、水与能源安全相互关系”领域中国政府部门牵头单位，组织有关单位申报2021年度亚洲合作资金项目，国家粮食和物资储备局科学研究院举办第2期“ACD框架下绿色生态储粮技术研修班”，来自老挝、泰国、马来西亚、土耳其、日本、印度尼西亚、新加坡和孟加拉国等8个ACD成员国的29位外籍学员参加了此次线上研修班。研修内容包括储粮技术基础、储粮技术应用和技术实操讲授3个板块，较为系统地介绍和讲授了我国绿色生态储粮的现状及先进技术，搭建了中国与ACD成员国绿色生态储粮技术合作交流平台，推动粮食安全区域内合作，提高粮食安全水平，实现农业可持续发展。

（六）开展务实交流，持续推进粮食科技学术国际交流

为促进我国粮食行业科研技术及学术研究人员参与国际交流与合作的进程，国家粮食和物资储备局派出专业技术人员及研究学者等，通过在线方式参加了食品法典委员会第43届会议、全球贸易政策项目会议、澳大利亚大麦技术网络研讨会、全谷物定义起草研讨会、国际谷物科技协会年会、国际谷物理事会2020年国际谷物大会、APEC应对新冠疫情影响分享粮食安全政策最佳实践网络研讨会等科研学术活动，进一步了解国际相关领域前沿技术和最新成果，拓展国际交流合作新思路、新模式，提高我国粮食科研学术水平。

撰稿单位：国家粮食和物资储备局外事司

撰稿人：胡瑶庆、张怡

审稿人：曹颖君

附　录

一 2020 年大事记

一月

1 月 6 日至 7 日，为贯彻落实国务院关于做好北粮南运切实保障玉米等饲料粮供应的重要决策部署，促进玉米南北方产销衔接，更好地服务粮食市场流通，全国公益性饲料粮专场交易会在吉林省长春市举行。卢景波同志出席。据统计，本次交易会共组织粮源 2045 万吨，成交 871.2 万吨，成交金额 155.4 亿元。

1 月 6 日至 7 日，全国保密工作会议在北京召开。会议对 40 个全国保密工作先进集体和 24 名先进工作者进行了表彰，国家粮食和物资储备局办公室秘书保密处获得“全国保密工作先进集体”称号。

1 月 7 日，国家粮食和物资储备局举行 2020 年离退休干部新春茶话会。张务锋同志出席茶话会并发表新春致辞，曾丽瑛、黄炜、韩卫江、梁彦同志，中国储备粮管理集团有限公司董事、党组副书记宋致远，白美清、聂振邦等老领导出席茶话会。

1 月 8 日，国家粮食和物资储备局召开垂管局新任职领导干部集体谈话会。张务锋同志出席会议并讲话，曾丽瑛同志主持会议，卢景波、黄炜、韩卫江、梁彦、宋红旭同志和中央纪委国家监委驻国家发展改革委纪检监察组有关负责同志出席会议。

1 月 8 日，国家粮食和物资储备局举行各垂管局新任职领导干部宪法宣誓仪式。张务锋同志监誓，曾丽瑛同志主持，卢景波、黄炜、韩卫江、梁彦、宋红旭同志出席，各垂管局新任职领导干部依法进行宪法宣誓。

1 月 9 日至 10 日，全国粮食和物资储备工作会议在北京召开。会议以习近平新时代中国特色社会主义思想为指导，认真落实中央经济工作会议和中央农村工作会议精神，按照全国发展和改革工作会议部署，总结 2019 年工作，安排 2020 年任务，加快推动粮食和物资储备改革发展。会议认真传达贯彻了李克强总理和韩正副总理、胡春华副总理的重要批示。国家发展和改革委员会党组书记、主任何立峰出席会议并讲话，张务锋同志作工作报告，曾丽瑛同志作会议总结，卢景波、黄炜、韩卫江、梁彦、宋红旭同志出席会议。

1 月 14 日至 19 日，张务锋、梁彦、宋红旭同志分别带队赴天津、河北、山西等地开展安全生产督导检查，并看望慰问粮食和物资储备系统困难职工。

1 月 15 日，国家粮食和物资储备局召开各司局、直属联系单位 2019 年度集中述职述廉会议。张务锋、曾丽瑛、卢景波、黄炜、韩卫江、梁彦同志出席会议。

1 月 27 日，国家粮食和物资储备局成立应对新型冠状病毒感染肺炎疫情工作领导小组，张务锋同志担任组长，局负责同志担任副组长，各司局和直属联系单位主要负责同志为成员，下设应急保供组、局内防控组。

1 月 30 日，国家粮食和物资储备局召开应对疫情做好粮油市场保供稳价工作视频会议，传达贯彻习近平总书记重要指示和中共中央通知精神，对认真落实粮食安全省长责任制、进一步做好粮油市场保供稳价工作作出安排部署。张务锋同志出席会议并讲话，卢景波、韩卫江、梁彦同志出席会议。

二月

2 月 5 日，张务锋同志主持召开专题会议，传达国务院第 80 次常务会议精神，研究部署粮油保供稳价和储备改革有关工作。卢景波、黄炜、梁彦同志出席会议。

2 月 15 日，韩卫江同志会见北京市西城区区委副书记、区长孙硕一行，就坚决落实习近平总书记重要指示批示精神和李克强总理批示要求，进一步强化责任落实做好新型冠状病毒感染肺炎疫情防控等工作进行会商。

2 月 19 日，国家粮食和物资储备局党组围绕“健全国家储备体系、提升储备效能”主题，召开理论学习中心组扩大会。深入学习贯彻习近平总书记在 2 月 3 日中央政治局常委会会议、2 月 14 日中央全面深化改革委员会会议上的重要讲话精神，研究谋划贯彻落实的思路举措。张务锋同志主持学习并作总结讲话，曾丽瑛、卢景波、黄炜、韩卫江、梁彦、宋红旭同志参加学习。

2 月 23 日，中央统筹推进新冠肺炎疫情防控和经济社会发展工作部署电视电话会议在京召开。张务锋、曾丽瑛、卢景波、黄炜、韩卫江、梁彦同志在局分会场参加。会后，张务锋同志就认真学习贯彻落实习近平总书记重要讲话和会议精神作了安排部署。

2 月 28 日，国家发展和改革委员会会同国家粮食和物资储备局等五部门共同发布《关于公布 2020 年稻谷最低收购价格的通知》（发改价格〔2020〕290 号），明确 2020 年生产的早籼稻（三等）、中晚籼稻和粳稻最低收购价分别为每 50 公斤 121 元、127 元和 130 元，较 2019 年略有上涨。

三月

3 月 2 日，张务锋同志主持召开深入推进优质粮食工程专题会，听取第一轮优质粮食工程实施情况、全国现场经验交流会筹备方案、深入推进优质粮食工程的总体方案等工作汇报，研究部署下一步工作。梁彦同志参加会议。

3 月 10 日，张务锋、曾丽瑛、卢景波、黄炜、韩卫江、梁彦同志出席国家粮食和物资储备局党组与中央纪委国家监委驻国家发展改革委纪检监察组专题研究全面从严治党工作会商会。

3 月 17 日，国家粮食和物资储备局召开扶贫工作领导小组 2020 年第一次全体会议，进一步学习领会和贯彻落实习近平总书记在决战决胜脱贫攻坚座谈会上的重要讲话精神，认真落实胡春华副总理在积极应对新冠肺炎疫情决战脱贫攻坚电视电话会议以及国务院扶贫开发领导小组全体会议上的讲话要求，审议《国家粮食和物资储备局 2020 年定点扶贫工作计划》，研究部署2020年定点扶贫任务。张务锋同志主持会议并讲话，局扶贫工作领导小组全体成员，中央纪委国家监委驻国家发展改革委纪检监察组有关负责同志参加会议。

3月20日，国家粮食和物资储备局召开局机关2019年度工作总结表彰会议。张务锋同志代表局党组讲话，曾丽瑛同志主持会议并宣读表彰决定，卢景波、黄炜、韩卫江、梁彦、宋红旭同志出席会议。

3月24日，张务锋、卢景波、黄炜同志到农业农村部会商《粮食安全保障法》立法和粮食安全省长责任制考核有关事宜。

3月25日，中国国际贸易促进委员会粮食行业分会成立大会在北京召开。曾丽瑛同志主持会议。

四月

4月8日，国家粮食和物资储备局党组召开第二轮巡视工作动员会，部署对9个直属、联系单位党组织进行巡视。张务锋同志出席会议并作动员讲话，曾丽瑛同志主持会议，贾骞同志、中央纪委国家监委驻国家发展改革委纪检监察组副组长徐建国出席会议。

4月13日，张务锋同志主持召开局党组（扩大）会议，宣布中央关于曾丽瑛、韩卫江、贾骞同志的任免决定。曾丽瑛、卢景波、黄炜、韩卫江、梁彦、贾骞同志出席会议。

4月21日，国家粮食和物资储备局党组召开机关新任处级干部集体谈话会。张务锋同志出席会议并讲话，卢景波同志主持会议，贾骞同志出席会议，新任处级干部和机关各司局主要负责同志参加会议，4名新任职干部代表作表态发言。

4月21日，国家粮食和物资储备局召开夏粮收购准备工作督导调度视频会议，分析研判夏粮收购形势，督导调度各地收购准备情况，安排部署下步工作。卢景波同志出席会议并讲话。

4月24日，梁彦同志赴中化集团调研优质粮食工程、粮食产业扶贫等工作，与中化集团主要负责人交流座谈。

4月25日，国家发展和改革委员会、农业农村部、国家粮食和物资储备局等11个部门联合印发《关于2020年度认真落实粮食安全省长责任制的通知》，要求各地按照“抓重点、补短板、强弱项”要求，认真制定2020年度落实粮食安全省长责任制工作方案，明确任务分工和时间表、路线图，确保各项重点任务落细落实。

4月29日，国家粮食和物资储备局召开全系统安全生产视频会议，认真贯彻落实习近平总书记关于安全生产的重要指示精神，李克强总理的重要批示，以及国务院安委会全体会议、全国安全生产电视电话会议精神，分析安全生产形势，部署当前和今后一个时期安全生产工作，进一步强化安全生产责任和安全防范措施落实。张务锋同志出席会议并讲话，卢景波、黄炜、梁彦、贾骞、宋红旭同志出席会议。

五月

5月7日，国家粮食和物资储备局召开构

建新型粮食市场监测预警体系视频工作会议，安排部署推进粮食市场监测预警工作。卢景波同志出席会议并讲话。

5 月 13 日，全国政策性粮食库存数量和质量大清查总结视频会议在北京召开，深入学习贯彻习近平总书记关于确保粮食安全的重要指示精神，认真学习李克强总理关于全国政策性粮食库存数量和质量大清查工作的重要批示，传达学习韩正副总理关于大清查工作的批示要求。国家发展和改革委员会党组书记、主任何立峰出席会议并讲话，国家发展和改革委员会党组成员、副主任张勇主持会议，财政部党组成员、副部长余蔚平和张务锋同志等大清查部际协调机制成员在主会场参加会议。会议通报了大清查结果和有关情况，表扬了大清查先进单位和先进个人，吉林、福建、江西、山东、湖南、四川等六省作了典型发言。

5 月 19 日，国家粮食和物资储备局召开全国夏粮收购工作视频会议，深入贯彻习近平总书记重要指示精神，认真落实党中央、国务院决策部署，分析研判今年夏粮收购形势，安排部署收购工作。张务锋同志主持会议并讲话，卢景波同志出席会议。江苏、江西、河南、湖南、四川等五省和中储粮集团公司作了交流发言。

5 月 20 日，张务锋同志主持召开局“十四五”规划编制领导小组会议。卢景波、梁彦同志出席会议。

六月

6 月 1 日，国家粮食和物资储备局召开局长办公会议，认真传达学习习近平总书记在全国“两会”期间的重要讲话和“两会”精神，认真传达国务院第 95 次常务会议精神和关于认真落实《政府工作报告》重点任务分工的部署要求。会议要求，把深入学习贯彻习近平总书记重要讲话和全国“两会”精神作为当前和今后一个时期的重要政治任务；全面推进《政府工作报告》涉及国家粮食和物资储备局的重点工作；高度重视人大建议、政协提案办理工作。

6 月 3 日，国家粮食和物资储备局在中储粮集团公司召开动员视频会议，对 2019 年度中央储备粮棉管理和中央事权粮食政策执行情况考核工作作出安排部署。张务锋、卢景波同志和中储粮集团公司有关负责同志出席会议。

6 月 4 日，张务锋同志主持召开国家战略应急物资储备大清查部际协调机制第一次会议。卢景波同志出席会议。

6 月 5 日，张务锋同志主持召开国家战略应急物资储备大清查暨国家粮食和物资储备局垂管系统 2020 年国有资产清查动员视频会议。卢景波同志出席会议。

6 月 11 日，张务锋同志与国家能源局主要负责同志共同主持召开专题会议，研究国家石油储备基地建设和运行管理有关工作。梁彦同志出席会议。

6 月 12 日，梁彦同志主持召开国家石油储备项目建设推进专题会，研究推进国家石油储备基地项目建设和运行管理相关工作。

6 月 19 日，国家粮食和物资储备局召开北京粮油市场保供稳价情况调度视频会议，认真落实党中央、国务院决策部署，根据国务院应对疫情联防联控工作机制生活物资保障组要求，进一步安排部署北京市粮油市场保供稳价工作。张务锋同志出席会议并讲话，卢景波同志主持会议。

6 月 30 日，为优化中央储备粮棉结构，确保质量良好，增强中央储备调节能力，国家粮食和物资储备局和财政部联合发布 2020 年第 1 号公告，明确 2020 年对部分中央储备棉轮换有关事项。

七月

7 月 1 日，张务锋同志以《坚持以党的政治建设为统领，走好第一方阵、创建模范机关》为题，为全系统党员干部讲党课。卢景波、黄炜、梁彦、贾骞同志出席，中央纪委国家监委驻国家发展改革委纪检监察组副组长徐建国应邀到会指导。

7 月 6 日，张务锋同志参加国家粮食和物资储备局机关党委人事司党支部“不忘初心、弘扬优良家风”主题党日活动，与党员干部进行深入交流并讲话。贾骞同志参加活动。

7 月 6 日，国家粮食和物资储备局召开深入推进优质粮食工程中央企业座谈会，听取意见建议，会商下步推动举措，要求中化、中粮等大型龙头企业进一步发挥示范带动作用，以优质粮食工程为抓手，更好助力脱贫攻坚。梁彦同志出席会议并讲话。

7 月 7 日，卢景波同志主持召开粮食监测预警委员会第一次全体会议。

7 月 13 日，国家粮食和物资储备局在北京召开“强化政治机关意识　旗帜鲜明讲政治”青年干部理论学习研讨座谈会暨第一届青年学习标兵表彰会。张务锋同志出席并讲话，卢景波同志就加强青年干部理论学习作出安排部署，提出明确要求，贾骞同志出席。

7 月 14 日，国家粮食和物资储备局召开国家粮食安全省长责任制考核工作组办公室成员会议。张务锋、卢景波同志出席。

7 月 16 日，国家粮食和物资储备局召开《国家粮食应急预案》专家论证会。张务锋、贾骞同志出席，卢景波同志主持会议。

7 月 17 日，国家粮食和物资储备局召开网络安全和信息化工作领导小组会议。张务锋同志主持会议，卢景波、黄炜、梁彦、贾骞同志出席会议。

7 月 17 日，国家粮食和物资储备局召开国家储备仓库安全综合整治三年行动项目建设调度视频会，对做好疫情常态化防控和防汛抗灾、压茬推进各类项目、确保质量进度等作出部署要求。梁彦同志出席会议并讲话。

7 月 21 日，国家粮食和物资储备局召开垂管系统防汛救灾和汛期安全生产视频调度会议，认真贯彻落实 7 月 17 日中共中央政治局常务委员会会议精神和习近平总书记关于做好防汛救灾工作的重要指示、批示，听取垂管系统上半年安全生产形势和防汛救灾情况汇报，进一步部署落实垂管系统防汛救灾和汛期安全生产工作。贾骞同志出席会议并讲话。

7 月 27 日，国家粮食安全省长责任制考核工作组第五次联席会议在北京召开。会议深入学习贯彻习近平总书记关于粮食安全重要指示批示精神，认真分析研判当前粮食安全工作面临的新形势新任务，安排部署2020年度考核工作。考核工作组副组长，国家发展和改革委员会党组副书记、副主任唐登杰主持会议并作总结讲话，考核工作组副组长张务锋同志通报了2019年度考核进展情况和部门抽查有关安排，考核工作组成员兼办公室主任卢景波同志通报了2020年度粮食安全省长责任制考核方案等情况。

7月27日，全国粮食安全省长责任制考核工作动员部署视频会议召开。张务锋、卢景波、梁彦同志出席会议。

7月28日，国家粮食和物资储备局召开战略应急物资储备安全管理改革座谈会。张务锋同志主持会议，卢景波、黄炜、梁彦、贾骞同志出席会议。

7月29日，国家粮食和物资储备局党组召开垂管系统党的建设暨党风廉政建设工作会议，深入学习贯彻习近平总书记关于全面从严治党的重要论述，认真落实十九届中央纪委四次全会和国务院第三次廉政工作会议精神，总结党和国家机构改革以来全系统党的建设工作，持续落实全面从严治党主体责任，推动党建工作高质量发展。国家发展和改革委员会党组成员、中央纪委国家监委驻国家发展改革委纪检监察组组长孙怀新和张务锋同志出席会议并讲话，卢景波、黄炜、梁彦、贾骞、翟江临、颜波、李成毅同志出席会议，国家发展和改革委员会直属机关党委常务副书记文步高应邀出席会议。

7月30日，全国粮食和物资储备系统“双先”表彰暨经验交流视频会在北京召开。会议认真贯彻落实习近平总书记重要指示批示精神和党中央、国务院决策部署；隆重表彰全国粮食和物资储备系统先进集体、先进工作者和劳动模范，国家粮食和物资储备局“干事创业好团队”、“担当作为好干部”；回顾总结上半年工作，分析研判当前形势，部署下半年重点任务。张务锋同志认真传达了国家发展和改革委员会党组书记、主任何立峰同志的重要批示。人力资源和社会保障部党组成员、副部长张义全和黄炜、梁彦同志分别宣读了有关表彰决定。卢景波同志主持会议，贾骞、宋红旭、翟江临、颜波、李成毅同志出席会议。

八月

8月14日至15日，张务锋同志带队赴河北省就地方储备粮管理和国有粮库监管情况开展专题调研，卢景波同志参加调研。

8月17日至18日，国家粮食和物资储备局召开深入推进优质粮食工程座谈会。会议认真贯彻习近平总书记关于深入推进优质粮食工程的重要指示精神和李克强总理关于建设粮食产业强国的重要批示要求，调度各地优质粮食工程进展情况，并对下步深入推进作出安排部署。张务锋同志出席会议并讲话，梁彦、翟江临同志出席会议。

8月20日，国家粮食和物资储备局举行司处级干部学习贯彻党的十九届四中全会精神培训班开班仪式。卢景波同志出席并讲话。

8月21日，国家粮食和物资储备局党组与中央纪委国家监委驻国家发展改革委纪检监察组专题会商全面从严治党工作。中央纪委国家监委驻国家发展改革委纪检监察组组长孙怀新，张务锋、卢景波、黄炜、梁彦、贾骞同志出席会议。

8 月 25 日，国家粮食和物资储备局与江西省人民政府在南昌签署共同保障国家粮食安全推进粮食和物资储备事业高质量发展战略合作协议。江西省委副书记、省长易炼红，张务锋同志出席签约仪式并见证签约；江西省委常委、常务副省长殷美根与贾骞同志代表双方签约；翟江临同志出席签约仪式；江西省政府秘书长张小平主持签约仪式。

8 月 25 日，2020 年全国粮食和物资储备科技活动周启动仪式在江西南昌举行。江西省委副书记、省长易炼红，张务锋同志出席启动仪式并致辞；江西省委常委、常务副省长殷美根出席启动仪式；易炼红、张务锋、殷美根共同启动科技活动周，并向创新中心依托单位授牌，向科技特派员小分队授旗；贾骞同志主持启动仪式；翟江临同志、江西省政府秘书长张小平出席启动仪式。

8 月 25 日，2020 年全国科技和人才兴粮兴储工作经验交流会在江西南昌召开。会议以习近平新时代中国特色社会主义思想为指导，认真落实创新驱动发展战略，认清形势、交流经验，守正创新、久久为功，推动科技和人才兴粮兴储再上新水平。张务锋同志出席会议并讲话，卢景波同志主持会议，贾骞同志通报有关情况，翟江临同志出席会议。

8 月 26 日至 27 日，全国粮食和物资储备执法督查工作会议在江西南昌召开。会议的主要任务是，以习近平新时代中国特色社会主义思想为指导，深入贯彻习近平总书记等中央领导同志重要指示批示精神，认真落实党中央、国务院决策部署，分析形势，明确任务，压实责任，不断提高执法监管效能，全力保障国家粮食安全和战略应急物资储备安全。张务锋同志作讲话，江西省委常委、常务副省长殷美根致辞，卢景波同志作工作报告。期间，张务锋、卢景波同志赴江西省南良荆山粮库调研。

8 月 27 日至 28 日，卢景波同志带队赴江西省就早稻收购、中央储备粮棉管理和中央事权粮食政策执行情况考核进行督导调研。

8 月 28 日，张务锋同志带队赴上海期货交易所和上海石油天然气交易中心就油气市场化改革和油气供应保障情况进行调研考察。黄炜同志参加调研。

8 月 29 日，国家粮食和物资储备局在江苏常州召开粮食立法修规工作座谈会，通报粮食立法修规工作进展情况，交流地方粮食立法经验，听取对《粮食储备安全管理条例》的修改完善意见。张务锋同志出席会议并讲话，黄炜同志主持会议。

8 月 30 日，国家粮食和物资储备局江苏局举行挂牌仪式。张务锋、黄炜同志，江苏省委常委、常务副省长樊金龙出席。挂牌仪式结束后，张务锋、樊金龙、黄炜等同志共同见证了国家粮食和物资储备局江苏局与江苏省粮食和物资储备局工作协作机制签约。随后，出席南京财经大学粮食和物资学院挂牌仪式。

九月

9 月 3 日，张务锋同志会见吉林省人民政府副省长李悦一行，就认真贯彻落实习近平总书记考察调研吉林重要讲话重要指示精神，深入实施东北振兴战略，统筹推进吉林粮食和物资储备工作高质量发展进行座谈会商。卢景波、贾骞及相关司局单位主要负责同志，吉林省、长春市政府有关负责同志参加座谈会。

9 月 5 日，中国粮食行业协会第六届会员代表大会在北京举行。大会选举产生了以栾日成同志为会长，以任智同志为秘书长和以尚金锁同志为监事长的新一届理事会成员。卢景波同志出席并讲话。

9 月 7 日，2020 年中国国际服务贸易交易会“粮食现代供应链发展及投资国际论坛”在北京举行，张务锋同志应邀出席并致辞。

9 月 7 日，国家粮食和物资储备局党组召开第三轮巡视工作动员会，部署对国家粮食和物资储备局河北局、山西局、黑龙江局、山东局、广东局、上海局和浙江局分党组开展常规巡视。张务锋同志出席会议并作动员讲话，卢景波同志主持会议，贾骞同志和中央纪委国家监委驻国家发展改革委纪检监察组副局级纪检监察员陈良同志出席会议。

9 月 8 日，全国抗击新冠肺炎疫情表彰大会在北京人民大会堂隆重举行。中共中央总书记、国家主席、中央军委主席习近平向国家勋章和国家荣誉称号获得者颁授勋章奖章并发表重要讲话。国家粮食和物资储备局安全仓储与科技司党支部应急管理处党小组荣获全国抗击新冠肺炎疫情先进集体。国家粮食和物资储备局湖北局三三七处胡钢同志荣获全国抗击新冠肺炎疫情先进个人。

9 月 8 日，国家粮食和物资储备局召开推进 OA 系统上线运行工作会。黄炜同志出席会议，梁彦同志主持会议。

9 月 9 日，张务锋同志会见广西壮族自治区人民政府副主席刘宏武一行，就认真贯彻落实习近平总书记考察调研广西重要讲话重要指示精神，夯实粮食安全基础，扎实推进广西粮食和物资储备工作高质量发展进行座谈会商。梁彦、贾骞及相关司局单位主要负责同志参加座谈会。

9 月 9 日，国家粮食和物资储备局召开局党组会议，认真传达贯彻习近平总书记在纪念中国人民抗日战争暨世界反法西斯战争胜利 75 周年座谈会上的重要讲话精神和在全国抗击新冠肺炎疫情表彰大会上的重要讲话精神。

9 月 11 日，国家粮食和物资储备局会同国家发展和改革委员会、财政部、交通运输部、农业农村部、人民银行、银保监会、国铁集团等部门单位联合印发《关于切实做好 2020 年秋粮收购工作的通知》，对 2020 年秋粮收购工作作出全面安排部署。

9 月 11 日，国家粮食和物资储备局发出《关于创新举措加大力度进一步做好节粮减损工作的通知》，要求各级粮食和物资储备部门以习近平新时代中国特色社会主义思想为指导，深入落实总体国家安全观，扛稳粮食安全重任，着力推进节粮减损反对粮食浪费，全力保障国家粮食安全。

9 月 11 日，由中国粮油学会主办、江南大学承办的中国粮油学会第十届学术年会暨第七届全谷物与健康食品国际研讨会在江苏省无锡市召开。贾骞同志出席并讲话。

9 月 15 日，国家粮食和物资储备局在吉林省长春市召开全国秋粮收购工作会议，传达张务锋同志批示要求，学习秋粮收购有关政策和文件，分析研判收购形势，安排部署收购工作。卢景波同志出席会议并讲话。

9 月 17 日，卢景波同志带队赴中国储备粮管理集团有限公司开展 2019 年度中央储备粮棉管理和中央事权粮食政策执行情况考核。

9 月 21 日、22 日，国家粮食和物资储备局党组理论学习中心组开展 2020 年第三季度集体学习，围绕“学习贯彻《习近平谈治国理政》第三卷，推动粮食和物资储备深化改革转型发展”主题，中心组成员领读领学《习近平谈治国理政》第三卷有关专题，深入进行交流研讨。张务锋同志主持学习并作总结讲话；卢景波、黄炜、梁彦、贾骞、宋红旭、翟江临、颜波、李成毅同志参加学习。黄炜、梁彦、李成毅同志结合分管工作作重点发言，相关司局单位主要负责同志作交流发言。

9 月 22 日，国家粮食和物资储备局召开抗击新冠肺炎疫情表彰大会，认真学习贯彻习近平总书记在全国抗击新冠肺炎疫情表彰大会上的重要讲话精神，对抗击新冠疫情表现突出的全国粮食和物资储备系统先进集体和先进个人予以通报表扬，国家粮食和物资储备局先进集体和先进个人予以表彰。张务锋同志出席会议并讲话，卢景波同志主持会议，黄炜同志传达全国抗击新冠肺炎疫情表彰大会精神，梁彦同志宣读先进集体、先进个人表扬通报和表彰决定，贾骞、宋红旭、翟江临、颜波、李成毅同志出席会议。

9 月 23 日至 27 日，国家粮食和物资储备局举办第一届公文展。张务锋、卢景波、黄炜、梁彦、贾骞、宋红旭、翟江临、颜波、李成毅同志出席开幕式，国家发展和改革委员会办公厅主任张世昕、中国经济导报社社长徐强应邀出席指导。各司局单位主要负责同志参加。

9 月 24 日，张务锋同志带队赴安徽省阜南县开展定点扶贫专题调研，慰问曹集镇庄台贫困群众，考察阜南粮食食品产业园、现代农技服务中心、扶贫车间等帮扶项目，并与安徽省委常委、常务副省长邓向阳，副省长、阜阳市委书记杨光荣，中化集团党组书记、董事长宁高宁同阜南县、有关企业等负责人进行座谈。梁彦、翟江临同志参加调研。

9 月 26 日，国家粮食和物资储备局在浙江省湖州市组织召开“深入推进优质粮食工程 加快粮食产业高质量发展”专家咨询会。张务锋、梁彦、翟江临、颜波同志出席咨询会，国家粮食安全政策专家咨询委员会主任委员张晓强主持会议，赵中权副主任委员等 8 位专家委员出席咨询会。

9 月 27 日，国家粮食和物资储备局在浙江省湖州市组织召开“深入推进优质粮食工程 加快粮食产业高质量发展”报告会。张务锋同志出席会议，梁彦同志主持会议。

9 月 28 日，张务锋同志带队对北京市中秋国庆“两节”期间粮油市场供应工作进行检查调研。北京市副市长杨晋柏陪同调研，卢景波同志参加调研。

9月28日，由国家粮食和物资储备局科学研究院与人民网联合主办的2020年“深入推进优质粮食工程”系列活动在北京举行发布会。张务锋同志出席并讲话，梁彦同志出席。

十月

10月11日，第三届山东粮油产业博览会在临沂开幕。张务锋同志，山东省委常委、常务副省长王书坚出席开幕式并讲话。

10月14日，国家粮食和物资储备局召开粮食监测预警委员会全体会议。张务锋同志出席，卢景波同志主持会议。

10月16日，国家粮食和物资储备局、农业农村部、教育部、科技部、全国妇联，福建省人民政府以及联合国粮农组织在厦门大学联合举办2020年世界粮食日和全国粮食安全宣传周主会场活动。张务锋同志讲话，福建省委常委、常务副省长赵龙，农业农村部对外经济合作中心副主任胡延安，厦门大学党委书记张彦，联合国粮农组织驻华代理代表欧敏行分别致辞；全国妇联书记处书记章冬梅，黄炜同志，国家市场监管总局、科技部有关负责同志，中国贸促会粮食行业分会会长曾丽瑛，联合国世界粮食计划署驻华代表屈四喜出席活动。

10月17日至18日，张务锋同志到福建省漳州市、龙岩市，就认真学习贯彻习近平总书记重要指示精神，大力弘扬革命传统，守住管好“天下粮仓”，扛稳国家粮食安全重任进行调研。

10月18日，国家粮食和物资储备局与福建省人民政府在福州签署共同保障国家粮食安全推进粮食和物资储备事业高质量发展战略合作协议。福建省委书记、省人大常委会主任于伟国，省委副书记、省长王宁和张务锋同志见证签约，并进行座谈会商，达成高度共识；贾骞同志与福建省委常委、常务副省长赵龙代表双方签约；参加第三届中国粮食交易大会的部分嘉宾出席座谈并共同见证。

10月19日，第三届中国粮食交易大会在福州开幕。福建省委书记、省人大常委会主任于伟国出席开幕式，福建省委副书记、省长王宁和张务锋同志共同为交易大会启动开幕并致辞。贾骞同志出席。

10月19日，第二届全国贫困地区优质特色粮油产品展销会暨中央和国家机关定点扶贫县农副产品产销对接活动在福州市举办。福建省委书记、省人大常委会主任于伟国，省委副书记、省长王宁和张务锋同志参观并看望贫困地区参展代表。

10月22日，张务锋同志主持召开“十四五”规划专题会议，听取关于粮食和物资储备领域“十四五”规划编制工作进展情况的汇报，研究部署下步工作。黄炜、贾骞同志出席会议。

10月22日至26日，卢景波同志带队，先后赴黑龙江、辽宁两省，对秋粮收购工作、涉粮问题整改“回头看”情况进行现场督导检查。

10月23日，国家粮食和物资储备局召开

2020 年离退休干部粮食和物资储备工作情况通报会。张务锋同志向离退休老同志致以诚挚的问候并通报工作情况，黄炜同志主持会议，贾骞、翟江临、李成毅同志出席会议。

10 月 23 日，国家粮食和物资储备局召开 2020 年预算执行推进视频会议。贾骞同志出席会议并讲话。

10 月 29 日，国家发展和改革委员会会同国家粮食和物资储备局等五部门共同发布《关于公布 2021 年小麦最低收购价格的通知》，明确 2021 年生产的小麦（三等）最低收购价为每 50 公斤 113 元，较 2020 年上涨 1 元。

10 月 29 日，国家粮食和物资储备局召开秋粮收购工作督导调度视频会议，分析研判秋粮收购形势，调度收购进展情况，安排部署下一步工作。卢景波同志出席会议并讲话。

10 月 30 日，国家粮食和物资储备局召开局党组会议，认真传达学习党的十九届五中全会精神。会议要求，全局全系统各级党组织要迅速组织传达学习，切实把思想和行动高度统一到党中央决策部署上来。要增强“四个意识”、坚定“四个自信”、做到“两个维护”，把学习宣传习近平总书记重要讲话和五中全会精神作为当前和今后一个时期的重大政治任务。紧密联系工作实际，深入学、系统学、反复学，真正吃透精髓、把握实质，认真组织宣传解读，细化措施抓好落实，加快构建更高层次、更高质量、更有效率、更可持续的国家粮食安全和战略物资储备安全保障体系。

10 月 30 日，国家粮食和物资储备局和商务部联合发布通告（国粮通〔2020〕2 号），宣布将商务部管理的《中央储备糖储存库资质条件》（SB/T 10385—2004）行业标准调整为国家粮食和物资储备局管理。

十一月

11 月 11 日，中共中央政治局常委、全国政协主席汪洋主持召开全国政协常委会学习讲座，张务锋同志应邀作了题为“解决好中国人自己的‘饭碗’问题——我国粮食生产与粮食安全”的学习报告。卢景波同志列席讲座。

11 月 15 日至 16 日，全国粮食和物资储备系统办公室工作会议暨信访工作经验交流会、全国粮食和物资储备期刊宣传工作会议在江苏南京召开。会议以习近平新时代中国特色社会主义思想为指导，总结交流经验、全面分析形势、凝聚共识行动，提升能力水平，推动办公室工作、信访工作和期刊宣传工作取得新的更大进步。张务锋同志对会议作出批示，黄炜同志出席会议并讲话，办公室主要负责同志作工作报告。

11 月 17 日，张务锋同志会见湖南省人民政府副省长隋忠诚一行，就认真贯彻落实习近平总书记考察调研湖南重要讲话重要指示精神，扛稳粮食安全重任，稳步提升粮食产能，推动粮食和物资储备产业高质量发展进行了座谈会商。卢景波、贾骞及相关司局单位主要负责同志参加座谈会。

11 月 18 日，国家粮食和物资储备局召开对口支援江西省于都县工作座谈会。张务锋同志会见于都县委县政府领导同志，贾骞、翟江临同志出席会议。

11月20日，国家粮食和物资储备局开展第四季度党组理论学习中心组集体学习，邀请国家发展和改革委员会宏观经济研究院院长、教授王昌林作学习贯彻党的十九届五中全会精神专题辅导报告。张务锋同志出席，卢景波同志主持，局党组理论学习中心组成员，局总工程师、督查专员参加学习。

11月20日，国家发展和改革委员会、国家粮食和物资储备局等4个部门联合印发《关于“人才兴储”的实施意见》，激励广大干部职工守正创新、敢于担当、善谋实干、锐意进取，充分适应粮食和物资储备深化改革转型发展的新形势新任务新要求。

11月27日，国家粮食和物资储备局党组召开巡视工作领导小组会议。张务锋同志主持会议，听取局党组第三轮巡视工作有关情况的汇报。卢景波、贾骞同志出席会议。

11月27日，张务锋同志以“认真学习贯彻党的十九届五中全会精神、奋力推进‘十四五’粮食和物资储备改革发展”为题，通过视频会议方式为全局全系统党员干部讲专题党课。卢景波、黄炜、梁彦、贾骞、宋红旭、翟江临、颜波、李成毅同志出席，中央纪委国家监委驻国家发展改革委纪检监察组相关负责同志应邀出席指导。

十二月

12月1日，国家粮食和物资储备局召开垂管局新任职领导干部集体谈话会。张务锋同志出席会议并讲话，卢景波同志主持会议，贾骞同志宣布任职决定。

12月2日，梁彦同志带队赴河北省邢台市就深入推进优质粮食工程开展调研。李成毅同志参加调研。

12月8日至9日，卢景波同志带队赴广西柳州调研粮食产业经济，并在广西局四七九处开展党建专题调研。

12月14日，张务锋同志会见青海省委副书记、省长信长星一行，就全面贯彻党的十九届五中全会精神，认真落实粮食安全省长责任制，坚决守住管好“天下粮仓”，推动粮食和物资储备高质量发展等工作进行座谈会商。青海省委常委、常务副省长李杰翔，卢景波、黄炜、贾骞及相关司局单位主要负责同志参加座谈会。

12月15日，国家粮食和物资储备局召开模范机关创建工作现场会，通报前期落实中央巡视新要求开展整改“回头看”和模范机关创建工作督导检查情况，总结工作成效，交流经验做法，对标先进、互学互鉴、破解难题，推动模范机关创建工作再上新台阶。卢景波同志出席会议并讲话。

12月21日，国家粮食和物资储备局召开局党组会议，认真传达贯彻中央经济工作会议精神、习近平总书记在中央政治局第二十六次集体学习时的重要讲话精神及全国发展和改革工作会议精神，研究部署贯彻落实的具体措施。

12月23日至25日，张务锋同志赴吉林调研粮食和物资储备工作，梁彦、贾骞同志参加调研。调研期间，张务锋同志一行与吉林省委书记景俊海，省委副书记、代省长韩俊等领导同志就共同保障国家粮食和战略物资储备安全等进行会商，并见证国家粮食和物资储备局吉林局与长春市政府签订国家战略应急物资东北基地项目框架协议。

12 月 30 日，国家粮食和物资储备局召开局党组会议，认真传达贯彻中央农村工作会议精神，研究部署贯彻落实的具体措施。

撰稿单位：国家粮食和物资储备局办公室
撰稿人：智振华、马雯婧、周彭英
审稿人：方进

二 2020/2021 年度国际粮油市场回顾

根据联合国粮农组织 2021 年 4 月份数据，预计 2020/2021 年度全球谷物产量 27.65 亿吨，同比增加 5517 万吨，增幅 2%，创历史纪录。小麦、玉米、大米产量均创历史新高。预计全球谷物消费量 27.77 亿吨，同比增加 6485 万吨，增幅 2.4%，创历史新高。饲料和工业用粮需求强劲，食用消费刚性增长。预计谷物贸易量 4.66 亿吨，同比增加 2540 万吨，增幅 5.8%，创历史最高。预计全球谷物期末库存 8.08 亿吨，同比减少 1357 万吨，减幅 1.7%，是过去 5 年来最低，库存消费比为 7 年来最低。谷物供给存在结构性差异，总体表现为小麦、大米供应充足，玉米供应相对偏紧。

（一）小麦

预计 2020/2021 年度全球小麦产量 7.74 亿吨，同比增加 1366 万吨，增幅 1.8%，创历史纪录。澳大利亚产区天气较好，小麦单产在上年因旱灾下降基础上恢复，预计产量 3330 万吨，同比增长 119%；俄罗斯小麦播种面积增加，产区天气良好，预计产量 8590 万吨，同比增长 15.3%；印度、加拿大小麦播种面积上升，产量增加；欧盟（欧盟 27 国和英国）小麦播种期降雨过多，播种面积下降，生长期天气干旱，对单产造成较大影响，预计产量 1.25 亿吨，同比下降约 20%；美国、乌克兰、阿根廷产量下降。预计小麦消费量 7.63 亿吨，同比增加 1239 万吨，增幅 1.7%。小麦饲用需求旺盛，中国养殖业从非洲猪瘟疫情中恢复，国内玉米价格高涨，导致小麦饲料用量明显增加。预计小麦贸易量 1.88 亿吨，同比增加 366 万吨，增幅 2%，创历史纪录。中国小麦进口增幅最大，巴基斯坦小麦进口为 2008/2009 年以来最高，孟加拉国、印度尼西亚、日本、韩国、菲律宾和越南等国进口量增加。预计全球小麦期末库存 2.84 亿吨，同比增加 767 万吨，增幅 2.8%。俄罗斯、澳大利亚、印度库存增加，美国、加拿大、欧盟库存下降。

2020 年国际市场小麦价格呈先抑后扬走势，芝加哥期货市场小麦价格全年涨幅 15%，

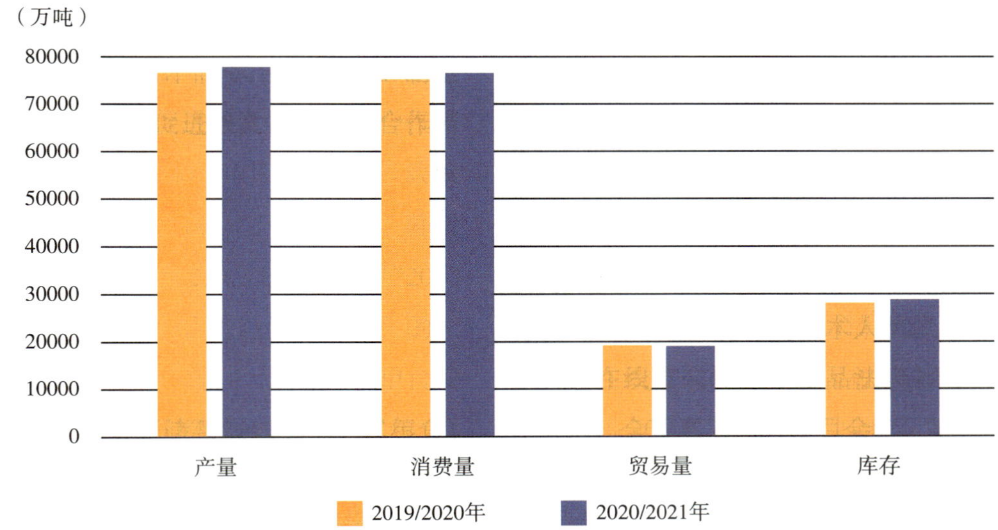

图 1 全球小麦供求及贸易情况

振幅（全年低点至高点）36%。1—6 月份小麦价格波动下降，俄罗斯小麦播种面积创历史纪录，产区气候适宜，丰收在望，叠加卢布汇率走低，出口商降低报价。澳大利亚小麦产量同比大幅增加。出口市场竞争激烈，对小麦价格形成抑制。7—12 月份小麦价格波动上涨。欧盟委员会大幅下调欧盟小麦产量，俄罗斯冬小麦产区缺乏降雨，冬小麦播种面积减少。阿根廷产区干旱，产量预测数下调。上述情况引发市场担心全球小麦供应可能低于预期，推动小麦价格走高。

（二）玉米

预计 2020/2021 年度全球玉米产量 11.55 亿吨，同比增加 1520 万吨，增幅 1.3%，创历史纪录。美国、巴西玉米产量增加，乌克兰、欧盟产量下降。全球粗粮产量 14.77 亿吨，同比增加 3090 万吨。大麦、高粱产量增加。预计全球玉米消费量 11.79 亿吨，同比增加 2180 万吨，增幅 1.9%。中国生猪养殖规模从非洲猪瘟疫情中快速复苏，玉米需求旺盛。巴西饲料和燃料乙醇行业玉米消费增长。预计全球粗粮消费量 15 亿吨，同比增加 4268 万吨，增幅 2.9%。中国大麦、高粱饲用消费增加。预计玉米贸易量 1.87 亿吨，同比增加 1200 万吨。中国玉米进口量创历史新高，美国出口大幅增长。巴西和阿根廷货币贬值，谷物出口竞争力提高，玉米出口处于历史高位。乌克兰玉米产量下降，出口受到制约。预计全球粗粮贸易量 2.3 亿吨，同比增加 1901 万吨。大麦贸易量增加，高粱贸易量显著增长。预计全球玉米期末库存 2.79 亿吨，同比下降 2320 万吨，减幅 7.7%。中国和美国玉米库存大幅下降。预计全球粗粮库存 3.41 亿吨，同比下降 2130 万吨，减幅 5.9%。

2020 年国际市场玉米价格显著上涨，芝加哥期货市场玉米价格全年涨幅 25%，振幅（全年低点至高点）达到 57%。总体

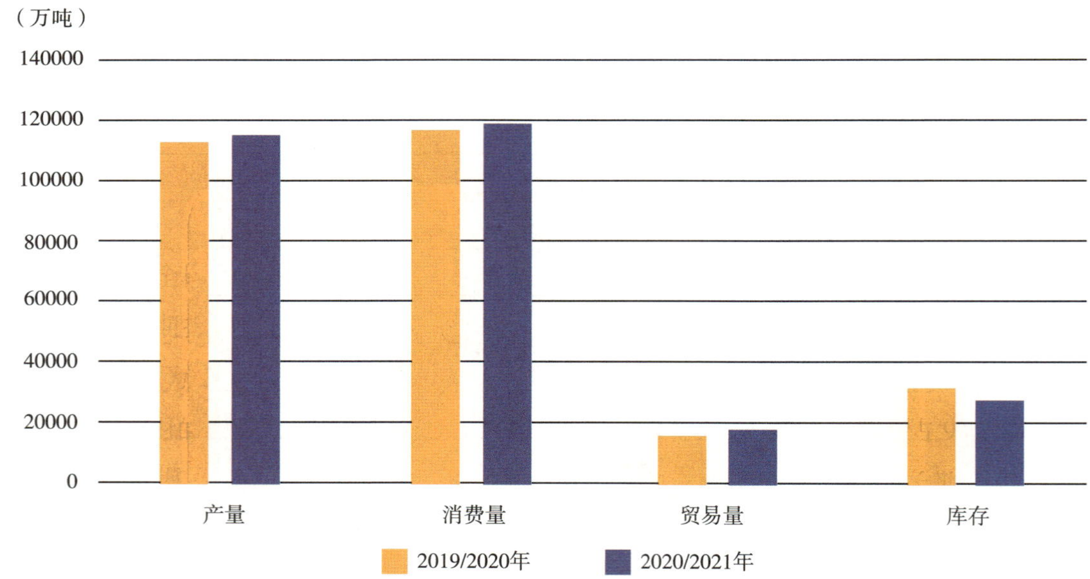

图 2　全球玉米供求及贸易情况

看，国际市场玉米价格运行分为两个阶段：1—4 月价格总体走低，当时美国玉米面临乌克兰、阿根廷、巴西玉米出口的强劲竞争，国际原油价格大幅下跌，美国玉米乙醇库存激增，对玉米市场带来利空影响。5—12 月价格大幅上涨，中国大笔买入美国玉米，美国玉米出口前景转好。各国开始放松新冠肺炎疫情封锁措施，提振玉米燃料乙醇需求。

（三）大米

预计 2020/2021 年度全球大米产量 5.14 亿吨，同比增加 1060 万吨，增幅 2.1%，创历史纪录。印度稻米播种面积增加，产区天气良好，大米产量创历史最高纪录。巴基斯坦、菲律宾、尼泊尔和斯里兰卡产量均处于历史高位。尽管孟加拉国产量下降，但仍略高于过去 5 年平均水平。预计 2020/2021 年度全球大米消费量 5.14 亿吨，同比增加 977 万吨，增幅 1.9%，创历史新高，大米食用消费继续呈刚性增长趋势。预计全球大米贸易量 4818 万吨，同比增加 273 万吨，增幅 6%。预计全球大米期末库存 1.83 亿吨，同比基本持平。

2020 年国际市场大米价格总体上涨，泰国大米价格全年涨幅 19%，越南大米全年涨幅 38%。国际市场大米价格运行分为两个阶段：1—5 月份价格上涨，当时印度、泰国等国实施新冠肺炎疫情限制措施，厂商囤货惜售。新冠肺炎疫情导致部分国家粮食进口积极性提高，部分国家阶段性限制大米出口，共同提振大米出口价格走高。6—12 月份价格波动，越南、泰国大米出口疲软，价格上涨动力减弱。2020 年越南大米出口 615 万吨，同比减少 3.5%。泰国大米出口 570 万吨，同比下降 25%。

（四）大豆

预计 2020/2021 年度全球大豆产量 3.61 亿

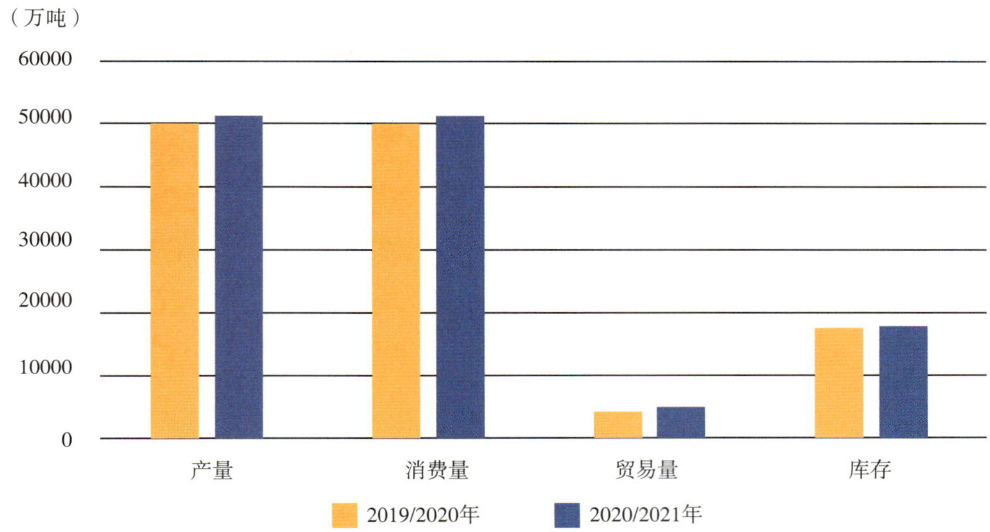

图 3　全球大米供求及贸易情况

吨，同比增加 2310 万吨，增幅 6.8%。美国大豆产量在上年度减产基础上显著恢复，巴西产量创历史最高纪录，阿根廷产区天气状况较差，产量下降。预计全球大豆消费量 3.75 亿吨，同比增加 1520 万吨，增幅 4.2%。大豆压榨量创历史纪录。中国养殖业复苏，豆粕需求增加，拉动压榨量上升。预计全球大豆贸易量 1.7 亿吨，同比增加 30 万吨，增幅 0.2%，中国进口创历史纪录，美国大豆出口强劲。预计全球大豆期末库存 4010 万吨，同比下降 1480 万吨，降幅 27%。美国大豆库存显著下降。

2020 年国际市场大豆价格大幅上涨，芝加哥期货市场大豆价格全年涨幅 37%，振幅（全年低点至高点）达到 60%。总体看，国际

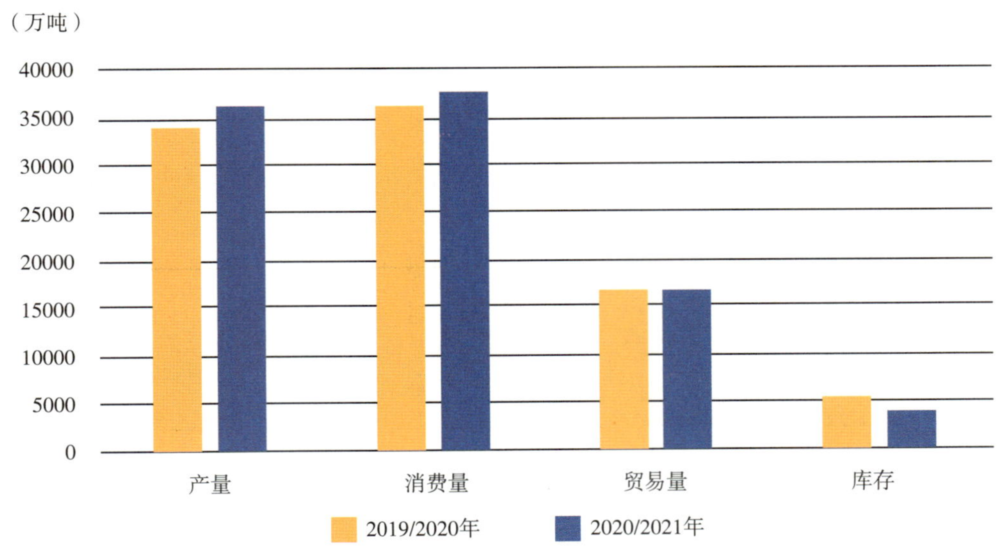

图 4　全球大豆供求及贸易情况

市场大豆价格运行分为两个阶段：1—5月价格总体走低，当时南美大豆集中供应，美国大豆播种面积增加，出口受到南美大豆冲击。新冠肺炎疫情使全球经济前景变差，商品价格大幅下跌。6—12月价格大幅上涨，中国在新冠肺炎疫情中率先恢复，进口大豆显著增加。美国大豆出口销售创历史纪录，库存大幅下降。全球货币供应充足，对包括大豆在内的大宗商品价格形成有力支撑。

撰稿单位：国家粮油信息中心
撰稿人：李云峰
审稿人：周冠华

三 联合国粮农组织（FAO）2021/2022年度全球粮食形势展望

联合国粮农组织（Food and Agriculture Organization of the United Nations，以下简称FAO）于2021年6月发布了最新全球粮食展望报告。

FAO预测，2021年全球谷物产量将连续第三年保持小幅增长，达到28.21亿吨（其中稻米以碾米计），较2020年增加1.9%，创历史新高。全球玉米、小麦和稻米产量预计将分别较上年增加3.7%、1.4%和1.0%。

预计2021/2022年度全球谷物消费量将

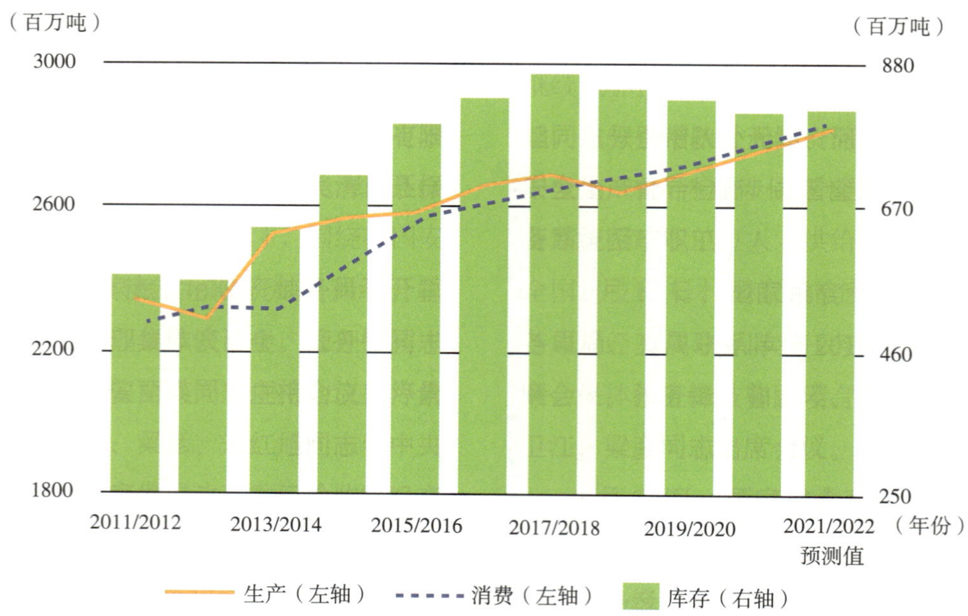

图5 全球谷物生产、消费与库存情况

达到28.26亿吨的新高，较上年度增加1.7%。预计全球谷物食用消费量增长与世界人口增长趋势相一致，人均年消费量稳定在150公斤。全球谷物饲用消费仍将延续2020/2021年度特点，小麦饲用消费将继续增长，达到1.56亿吨，但远低于粗粮8.95亿吨的水平。

预计2022年全球谷物期末库存将略增0.3%至8.11亿吨。全球谷物库存经过连续三年下降后，首次出现回升，但升幅较小，库存消费比仍然下降，预计将从2020/2021年度的28.6%降至2021/2022年度的27.9%。

预计2021/2022年度全球谷物贸易量将达到4.693亿吨，在上年度的高水平基础上略增0.3%。全球谷物最终贸易量将在很大程度上取决于中国谷物进口量。2020/2021年度全球谷物贸易量将达到4.68亿吨的历史最高纪录，同比增加6.3%，主要原因是中国谷物进口量将同比增加3000万吨，增幅123%。

表1 全球谷物供需概况

	2019/2020年度	2020/2021年度估计值	2021/2022年度预测值	2021/2022年度较2020/2021年度变化
	百万吨			%
全球情况				
生产	2710.7	2768.6	2820.9	1.9
贸易	440.1	468.0	469.3	0.3
总消费	2713.7	2778.2	2825.7	1.7
食用	1151.4	1170.7	1183.9	1.1
饲用	1007.8	1050.5	1070.2	1.9
其他用途	554.5	557.0	571.6	2.6
期末库存	822.3	808.8	811.5	0.3
供需指标				
人均食用消费：				
全球（公斤/年）	149.3	150.2	150.3	0.1
低收入缺粮国家（公斤/年）	152.3	153.7	153.4	-0.2
全球库存消费比（%）	29.6	28.6	28.1	
主要出口国库存消费（%）	18.2	17.6	18.4	
FAO谷物价格指数（2014—2016=100）	2019年	2020年	2021年1—5月	2021年1—5月较2020年1—5月变化
	96	103	125	26.0

（一）小麦

预计2021/2022年度全球小麦市场总体供应充足。预计2021年全球小麦产量将同比增长1.4%，达到历史新高。欧盟、摩洛哥和英国小麦预计增产，是拉动全球产量增长的主要力量，抵消了澳大利亚、加拿大、俄罗斯和亚洲一些国家的减产。

小麦供应充足，粗粮市场供应紧缩，预计2021/2022年度全球小麦消费量将增长2.5%。由于小麦相较玉米价格竞争力提高，亚洲、欧洲以及北美地区小麦饲用消费需求将增加，预计小麦饲用消费量将强劲增长 7.5%，这也是全球小麦消费量增长的主要原因。预计全球小麦食用和工业消费量均同比增长。

由于结转库存较多，加之 2021 年产量预计增加，2022 年全球小麦期末库存将连续第三年超过期初水平。预计 2021/2022 年度全球小麦库存消费比将小幅上升至 38.0%，超过五年平均水平。预计中国小麦库存增幅最大，澳大利亚、欧盟、印度、摩洛哥和乌克兰等其他国家和地区小麦库存也将增加。

预计 2021/2022 年度（7 月 /6 月）全球小麦贸易量将同比小幅增长，达到新的创纪录水平。主要原因是亚洲一些国家小麦减产，需求增加，预计将增加小麦进口量。在出口方面，预计俄罗斯仍将是全球头号小麦出口国，预计阿根廷、欧盟和乌克兰受产量恢复支撑，将增加小麦出口量，澳大利亚、加拿大和美国将减少小麦出口量。

表 2　全球小麦市场概况

	2019/2020 年度	2020/2021 年度估计值	2021/2022 年度预测值	2021/2022 年度较 2020/2021 年度变化
	百万吨			%
全球情况				
生产	760.8	774.8	758.8	1.4
贸易	184.2	186.2	187.2	0.5
总消费	750.0	759.5	778.6	2.5
食用	518.0	524.7	530.9	1.2
饲用	139.6	144.7	155.5	7.5
其他用途	92.5	90.1	92.2	2.2
期末库存	277.7	291.0	298.7	2.6
供需指标				
人均食用消费：				
全球（公斤 / 年）	67.1	67.3	67.4	0.2
低收入缺粮国家（公斤 / 年）	49.6	49.6	49.6	0.1
全球库存消费比（%）	36.6	37.4	38.0	
主要出口国库存消费比（%）	15.4	16.5	17.1	
FAO 小麦价格指数（2014—2016=100）	2019 年	2020 年	2021 年 1—5 月	2021 年 1—5 月较 2020 年 1—5 月变化
	95	101	119	20.5

1. 小麦价格

2020/2021 年度期初国际小麦价格上涨较快，自 2020 年 8 月至 2021 年 1 月连续 6 个月上涨，到 2021 年 5 月达到七年来的最高点。主要原因是在年度期初，阿根廷部分地区、欧洲和美国小麦作物生长状况不佳引发市场担忧，欧盟等地区小麦出口收紧，国际市场对小麦需求强劲，导致国际小麦交易活跃。国际玉米价格大幅上涨，饲用需求由此更多转向小麦，同时，俄罗斯对小麦出口实施配额管理和征税带来不确定性，也给小麦价格增加了上行压力。受总体生产前景较好，玉米价格下跌影响，国际小麦价格在 2021 年 5 月底有所回落，但从整个 5 月来看，国际谷物理事会（IGC）小麦价格指数仍同比上涨 28.5%。5 月基准美国墨西哥湾 2 号硬红冬麦离岸平均价格为 299 美元 / 吨，同比增长 34%。2021 年 5 月小麦期货价格上涨也反映了这些趋势，将于 9 月交割的芝加哥交易所软红冬麦 5 月平均价格为 259 美元 / 吨，比 4 月份上涨 5.3%，比去年同期上涨 37%。

2. 小麦生产

预计 2021 年全球小麦产量将达到创纪录的 7.858 亿吨，同比增加 1100 万吨，增幅 1.4%。欧洲小麦产量同比增幅较大，是拉动全球产量增长的主要力量。特别是在欧盟地区，小麦产量预计将恢复到 1.34 亿吨，同比增长 7.0%，一方面原因是在价格因素的推动下，小麦种植面积扩大，另一方面原因是天气条件普遍有利，小麦单产有望提高。由于种植面积扩大，预期单产提高，预计英国小麦产量将大幅反弹至 1450 万吨，乌克兰小麦产量将增长 10.5%，达到 2750 万吨。在俄罗斯，尽管播种面积创下了纪录，但不甚理想的天气条件降低了单产前景，小麦产量预计将减少 440 万吨，降至 8150 万吨，但仍高于前五年平均水平。

在北美地区，美国小麦产量预计将达到 5100 万吨，同比增加 2.5%，主要原因是在价格因素推动下，小麦种植面积实现三年来的首次扩大，单产水平预计也将提高。加拿大小麦产量预计将降至 3110 万吨，原因是与 2020 年的高水平相比，2021 年小麦种植面积和单产均有所下降。

在亚洲地区，印度小麦产量将达到创纪录的 1.092 亿吨，原因是印度政府继续实施支持政策，小麦价格较高，激励农民扩大小麦种植面积。在巴基斯坦，国内小麦价格达到创纪录的水平，农民扩大播种面积，总体有利的天气条件支持小麦单产前景，预计 2021 年小麦产量将同比增长 3.8%，达到 2620 万吨。预计 2021 年中国小麦产量将达到 1.364 亿吨，略高于去年水平，总体天气条件较好。近东亚洲国家小麦生产前景不太乐观，异常干旱天气影响了小麦单产前景，预计包括小麦主产国土耳其在内的一些国家的小麦产量将同比减少。

在北非地区，去年干旱天气导致小麦减产，今年小麦产量预计将强劲恢复。预计 2021 年摩洛哥小麦产量为 720 万吨，几乎是 2020 年水平的三倍。突尼斯小麦预计增产。阿尔及利亚由于缺少降雨，预计今年小麦产量将低于平均水平。

在南半球国家，2021 年小麦正处于播种季节。预计 2021 年澳大利亚小麦产量将比 2020 年创纪录的水平有所下降，但仍将高于平均水平，小麦单产将从 2020 年的创记录高点回归趋势水平。在南美洲地区，良好的价格前景支撑小麦播种面积扩大，小麦单产也将高于 2020 年的低水平。预计 2021 年阿根廷小麦产量将高于平均水平。由于种植面积增加，预计2021年巴西小麦产量将小幅回升。

3. 小麦贸易

预计2021/2022年度（7月/6月）全球小麦贸易量将达到1.872亿吨的新高，较上年度略增100万吨，增幅0.5%，增长主要来自亚洲进口量的增加。

在亚洲地区，预计2021/2022年度小麦进口量将增长2.1%至9940万吨。由于小麦饲用需求旺盛，加之小麦相较玉米更具价格竞争力，预计2021/2022年度中国小麦进口量将达到1100万吨，同比增加100万吨，成为亚洲最大、全球第二大小麦进口国。由于小麦消费需求增加，预计2021/2022年度伊朗小麦进口量将增加100万吨。由于国内小麦预期减产，阿富汗和伊拉克小麦进口量将分别增加80万吨和100万吨。印度尼西亚和土耳其分别是亚洲第二大和第三大小麦进口国，预计小麦进口量将同比略有增长。在巴基斯坦，由于上年度政府暂停征收小麦进口关税以补充国内库存，导致上年度小麦进口量异乎寻常之高，加之预计2021年小麦将增产，预计2021/2022年度巴基斯坦小麦进口量将减少250万吨，降至100万吨。

在非洲地区，预计2021/2022年度小麦总进口量约为5000万吨，较上年度下降3.7%。主要原因是，由于今年国内小麦产量或将增加三倍，国内供应恢复，预计2021/2022年度摩洛哥小麦进口量将比去年创纪录的水平减少230万吨。此外，摩洛哥政府自2020年1月起暂停征收小麦进口关税，自2021年5月中旬开始恢复征收小麦进口关税，将抑制小麦进口。由于小麦预期减产，库存紧缩，预计2021/2022年度阿尔及利亚小麦进口量将增加110万吨，达到760万吨。埃及是全球最大小麦进口国，虽然今年小麦产量预计将与去年持平，但为补充2020/2021年度下降的小麦库存，埃及将增加小麦进口量，预计其2021/2022年度小麦进口量将略增，达到创纪录的1330万吨。在非洲第三大小麦进口国尼日利亚，由于期初库存增加，小麦进口量将较上年度的纪录略有下降。

在拉丁美洲和加勒比地区，预计2021/2022年度小麦进口总量将保持在2370万吨的水平，与2020/2021年度接近。预计该地区最大和第二大小麦进口国巴西和墨西哥的进口量将分别稳定在650万吨和500万吨。

在欧洲地区，预计2021/2022年度小麦进口量为940万吨，较2020/2021年度略有下降。欧盟小麦进口量将同比保持不变，达到500万吨，原因是小麦产量强劲恢复，满足了消费量增加、出口增加和库存补充的需求。在欧洲其他地方，由于小麦大幅增产，预计英国小麦进口量将减少。

出口方面，预计世界小麦出口大国俄罗斯的小麦出口量将保持在3900万吨，国内供应充足，出口价格具备竞争力，抵消了2021年6月征收浮动出口税带来的不利影响。在阿根廷，截至2021年4月，由于小麦预期增产，货币相对美元走弱为小麦出口价格创造竞争优势，预计2021/2022年度小麦出口量将增长37%，达到1300万吨。由于小麦产量预期有所回升，欧盟小麦出口量将增加9%至2950

万吨，乌克兰小麦出口量将增加5%至1700万吨。由于预期减产，澳大利亚和加拿大小麦出口量将分别比2020/2021年度减少5%和19%。预计2021/2022年度美国小麦出口量将下降3%，原因是国内消费需求旺盛，制约小麦出口。

4. 小麦消费

预计2021/2022年度全球小麦消费量将比2020/2021年度的估计水平增加1910万吨，增幅2.5%，达到7.786亿吨的历史新高，食用、饲用和工业消费量均同比增长。预计2021/2022年度全球小麦饲用消费量将较2020/2021年度大幅增长7.5%（1080万吨），达到创纪录的1.555亿吨，这是自2011/2012年度以来的最大年度增幅。欧盟是饲料小麦最大市场，由于产量反弹，供应增加，价格下滑，预计2021/2022年度小麦饲用消费量将在上年度下降的基础上增长9.0%。在美国，由于2021/2022上半年度小麦对玉米价差收窄，预计小麦饲用消费量将强劲增长70%，达到自2013/2014年度以来的最高水平。小麦相较玉米的价格优势预计将促使英国、南美一些国家以及中国增加小麦饲用消费量。中国目前是全球第二大饲料小麦市场，其小麦饲用消费需求还在持续增长。预计2021/2022年度全球小麦食用消费量将增长1.2%（630万吨），达到5.31亿吨，占小麦预期总消费量的近70%。预计全球人均小麦食用消费量将保持在每年67.4公斤的水平，发展中国家为每年62.4公斤，发达国家人均小麦食用消费量将略有上升，从2020/2021年度的92.6公斤/年上升到2021/2022年度的93.0公斤/年。预计2021/2022年度全球小麦工业总消费量在连续两个年度下降基础上有所增加，主要原因是欧盟将增加乙醇产量，英国将增加乙醇和淀粉产量，印度将增加淀粉产量。

5. 小麦库存

预计2022年全球小麦期末库存将增长2.6%（770万吨），达到2.99亿吨的历史新高，实现三连增。预计2021/2022年度全球小麦库存消费比将达到38.0%，略高于2020/2021年度的37.4%，创下四年来的新高。中国小麦库存将进一步增加，是全球库存增长的主要动力，中国小麦增产叠加创纪录的进口量将使其库存比期初水平高出3.4%，达到1.34亿吨，占2021/2022年度全球小麦库存总量的45%左右。预计除中国以外的全球小麦库存将较期初水平增加2.1%，由于小麦产量预期增加，欧盟、印度、摩洛哥和乌克兰小麦库存将增加，由于结转库存较高，出口量减少，澳大利亚小麦库存也将增加。

预计主要小麦出口国期末库存消费比将达到17.1%，略高于2020/2021年度的16.5%，但仍低于过去五年的平均水平，反映了市场供应稍趋紧张。在主要小麦出口国中，由于对小麦消费需求旺盛，期初库存水平较低，预计美国小麦库存将下降11.2%（270万吨），降至2014/2015年度以来的最低水平，抵消了欧盟和乌克兰库存的预期增长。由于预计减产，出口量连续第二年接近创纪录水平，俄罗斯小麦库存也将同比下降8.9%（90万吨）。

（二）粗粮

FAO 初步预测，2021/2022 年度全球粗粮供应情况将较为紧张。尽管预计粗粮产量将大幅增长，但消费持续强劲增长将使粗粮库存连续四年低于初期库存。

FAO 预测，2021 年全球粗粮产量将达到创纪录的 15.16 亿吨，比 2020 年增长 3600 万吨(增长 2.5%)，主要原因是玉米产量的增长。除中国、欧盟和乌克兰玉米产量增长外，美国玉米产量的大幅增长也是全球粗粮产量预期增长的主要因素。预计 2021/2022 年度世界高粱产量也将增长，而大麦产量将会下降，主要原因是澳大利亚的大麦产量预计将降低。

FAO 预测，2021/2022 年度全球粗粮消费将增长 1.4%，达到历史最高水平，为 15.26 亿吨。粗粮消费增长的主要驱动力是各国经济从新冠肺炎疫情影响中恢复后粗粮工业消费增加。其中巴西和美国增加玉米消费生产酒精，中国增加玉米消费生产淀粉。同时玉米和高粱的饲料消费量(尤其是中国的消费）也会增加，2021/2022 年度全球粗粮消费量会进一步增长。

预计 2021/2022 年度粗粮消费将超过全球粗粮产量。预计到 2022 年末，粗粮库存将比初期库存下降 1.7%。库存下降的主要原因是中国的玉米库存预期将进一步降低。预计粗粮消费量增长和库存下降将使世全球粗粮库存消费比降至 2012/2013 年度以来的最低水平。

预计玉米和高粱的贸易增长将平衡大麦贸易的降低，2021/2022 年度全球粗粮贸易将保持 2020/2021 年度创纪录水平。除欧盟、墨西哥和土耳其增加玉米进口外，预计中国持续强劲的进口需求仍将是玉米和高粱贸易增长的重要驱动力。在出口方面，预计阿根廷和乌克兰的玉米出口会增加，美国的高粱出口也会增长。

表 3　全球粗粮供需概况

	2019/2020 年度	2020/2021 年度估计值	2021/2022 年度预测值	2020/2021 年度较 2019/2020 年度变化
	百万吨			%
全球情况				
生产	1447.0	1479.7	1516.1	2.5
贸易	210.4	233.8	234.2	0.1
总消费	1459.3	1505.5	1526.5	1.4
食用	219.2	224.5	225.9	0.6
饲用	851.6	888.3	895.4	0.8
其他用途	388.6	392.7	405.3	3.2
期末库存	361.6	333.9	328.2	-1.7
供需指标				
人均食用消费：				
全球（公斤 / 年）	28.4	28.8	28.7	-0.4
低收入缺粮国家（公斤 / 年）	37.7	38.2	37.9	-0.9
全球库存消费比（%）	24.0	21.9	20.8	
主要出口国库存消费比（%）	14.6	11.4	12.1	

续表

	2019/2020 年度	2020/2021 年度估计值	2021/2022 年度预测值	2020/2021 年度较 2019/2020 年度变化
FAO 粗粮价格指数（2014—2016=100）	2019 年	2020 年	2021 年 1—5 月	2021 年 1—5 月较 2020 年 1—5 月变化
	95	101	143	53.3

1. 粗粮价格

国际主要粗粮价格高于去年同期水平。受全球供应趋紧及强劲进口需求影响，2020/2021 年度国际粗粮价格每月连续上涨。国际粗粮价格在 2020 年 5 月跌至近三年低点后，2020/2021 年度前 8 个月大幅上涨，2021 年 2 月上涨至 2013 年以来的最高点。在出口需求强劲的背景下，美国继续下调玉米供应，导致了国际玉米价格继续上涨。中国是全球粗粮市场主要驱动力量，2020/2021 年度进口量同比增长 182%，创下历史新高，几乎占 2020/2021 年度全球粗粮贸易增长量的全部。阿根廷在 2021 年初暂停了玉米出口，同时大豆价格强劲上涨带来的溢出效应也助推了粗粮价格上涨。基于 2021 年初全球玉米生产情况，全球玉米产量可能大幅增加，由此预计全球玉米价格将在 2021 年 5 月末出现下跌，但由于预计未来出口供应和全球库存水平将进一步收紧，玉米价格仍将处于高位。

美国基准玉米价格引领了国际玉米出口价格上涨，2021 年 5 月价格为平均每吨 304 美元，比 2020 年 5 月同期价格上涨了 111%。尽管阿根廷新收割的玉米供应增加，价格在 5 月份仍同比上涨了 86%。大麦和高粱的国际价格与玉米价格趋势一致，均高于去年同期价格水平，其原因是饲料需求强劲，特别是受中国对饲料需求的影响。

由于出口（尤其是美国）收紧，中国进口增加，玉米期货价格也大幅上涨。随着新冠肺炎疫情后经济复苏，预计全球玉米需求将继续保持强劲增长。2021 年 12 月是美国芝加哥期货交易所（CBOT）当年新上市谷物交割的基准交割月，届时将在交易所交割的玉米在 5 月中旬价格已涨至近 8 年来的最高点。尽管由于预期产量增长，5 月底玉米价格可能走低，但 CBOT 玉米期货 5 月平均价格为每吨 283 美元，仍较 2020 年同期价格上涨 90%。有关期货市场的详细分析，见本报告的市场指标部分。

2. 粗粮生产

FAO 预测，2021 年全球粗粮产量将达到创纪录的 15.16 亿吨，比 2020 年产量提高 3600 万吨（增长率 2.5%）。预测全球玉米和高粱产量的增长（高粱产量增长量小于玉米）将超过世界大麦产量的下降。

FAO 预测，2021 年全球玉米产量将达到 11.98 亿吨，同比增长 3.7%。预计增长的主要原因是美国玉米增产。由于玉米种植面积将适度扩大，产量很可能在去年降至低点之后恢复到平均水平以上，乐观预计美国玉米产量为 3.84 亿吨，比 2020 年的产量提高 6.6%。然而，自 3 月份种植情况评估发布以来，玉米价格的大幅上涨可能会刺激播种量的大幅增加，从而进一步提振生产前景；5 月份的实地调查已经表明，玉米种植进度快于平均水平。在加拿大，预计 2021 年在大面积种植的基础上，种植面积仍将适度增加，产量也有望提升。

在欧洲，预测 2021 年欧盟玉米产量为 7160 万吨，比 2020 年提高近 10%。尽管不利天气延缓了播种速度，但由于良好的价格前景，预计播种面积会逐年上升，这与预期的产量增长一起提振了当前积极的生产前景。预计保加利亚和罗马尼亚的玉米产量将从 2020 年的天气影响中强劲恢复，在欧盟国家预期总产量增长中占比最大。在乌克兰，因玉米价格高企，玉米种植面积与 2020 年相当，预计玉米产量将从 2020 年低点恢复到高于平均水平，增加至 3500 万吨，比上年增长 16%。在俄罗斯，预计 2021 年玉米产量将维持在约 1400 万吨。

在亚洲，中国是亚洲最大的玉米生产国，由于市场价格高，农民种植积极性提高，加之政府实施了鼓励种植的支持政策，玉米产量预计将增长 3.6%，达到 2.7 亿吨。在亚洲其他地区，预计 2021 年玉米产量与去年同期相比保持不变，高于近五年平均产量。

在南美洲，2021 年的玉米已经开始收割，丰产有望。在阿根廷，尽管玉米价格较高，但生产成本的增加降低了生产者的边际利润，造成了播种面积的轻度萎缩。尽管如此，玉米种植面积仍接近 2020 年的创纪录水平。由于预期产量上升，预计 2021 年阿根廷玉米产量将达到 5800 万吨，与前一年产量持平。在巴西，预计 2021 年玉米总产量将小幅下降至 1 亿吨，但仍高于近五年平均水平。尽管在高粮价的刺激下，种植面积创下了纪录，但干旱的天气条件降低了产量预期，因而预计今年将减产。

在非洲，在赤道以南的国家开始收割 2021 年的玉米。南非是非洲重要玉米生产国，预计将收获 1670 万吨玉米，仅低于 2017 年创纪录的产量。丰产是由于气候条件较为理想，受价格驱动播种量增加，故而预期产量高于平均水平。据预测，南非邻国也有望玉米丰产，特别是津巴布韦，在经历了两年干旱之后，产量预计将大幅提高至 270 万吨。西非和东非国家正在种植 2021 年度的玉米。

FAO 预测，2021 年全球大麦产量为 1.572 亿吨，比上一年降低 1.8%（近 300 万吨）。这一预测主要基于贸易前景黯淡导致种植减少，澳大利亚大麦产量预期将下降。澳大利亚的预期产量下降将超过加拿大、欧盟和摩洛哥的预期产量增长。

FAO 预测，2021 年全球高粱产量为 6260 万吨，比上一年平均产量提高 2.6%。预计澳大利亚和美国产量较高，高价格和乐观的贸易前景将刺激两国种植面积进一步增加。

3. 粗粮贸易

2021/2022 年度粗粮贸易量将保持稳定。在保持了 1 年的强劲增长势头之后，2021/2022 年度（7 月 /6 月）全球粗粮贸易预计将总体保持在接近 2020/2021 年度 2.34 亿吨的创纪录水平。预计 2021/2022 年度玉米和高粱的贸易量增加将平衡全球大麦贸易量的减少。预计 2021/2022 年度（7 月 /6 月）全球玉米贸易将小幅增长 0.6%（110 万吨）达到

1.89亿吨。预计连续2个年度，中国将是玉米需求增长最大的国家。2020/2021年度中国玉米进口量同比增长四倍，从第9大进口国上升为全球最大玉米进口国。预计2021/2022年度中国从国际市场的玉米进口量将进一步增加9.1%（200万吨），达到2400万吨。中国国内玉米价格高企，对饲料和工业用玉米需求的不断增长，以及为补充库存，玉米进口量远高于2021年720万吨的关税配额。预计土耳其玉米进口量在2020/2021年度下降之后，将增加48%（120万吨），以弥补本年度预期的玉米减产。尽管产量有所上升，但欧盟可能会在2020/2021年度的基础上增加7.4%（110万吨）的玉米进口，以满足国内需求并补充库存（库存在上一年度降至较低水平）。由于产量减少和消费增加，库存紧张，预计2021/2022年度墨西哥的玉米进口将增加6.1%（100万吨）。相比之下，预计巴西玉米出口量将降低，同时由于国内供应充足，进口量也将降低50%（100万吨）。预计伊朗2021/2022年度也将减少玉米进口，原因是去年进口量创下纪录之后，其结转库存居高不下。

出口方面，由于预期玉米生产将恢复，预计乌克兰的玉米出口量将增长24.4%（550万吨），比2021/2022年度提高2800万吨。由于玉米产量预期将接近历史记录，以及竞争性货币贬值，预计2021/2022年度阿根廷的玉米出口量将有望创纪录增长至3520万吨，同比增长3.5%（120万吨）。在这些国家出口增长的影响下，巴西由于产量减少，2021/2022年度玉米出口量预计为3080万吨，比上一年度下降15.6%（570万吨），为近三年的最低水平。与2020/2021年度相比，低结转库存和更高的工业和饲料（比工业消费略低）消费预期使得2021/2022年度美国玉米出口降低1.1%（75万吨），为6800万吨。尽管如此，美国仍是全球第一大玉米出口国。

与玉米贸易类似，预计2021/2022年度（7月/6月）全球高粱贸易将增长26.2%（240万吨），达到1140万吨。高粱贸易增长主要原因是中国预计将增加29%（200万吨）的进口，以满足更多的饲料使用需求（政府鼓励在饲料配比中更多地使用高粱和其他粗粮）。预计2021/2022年度墨西哥将增加高粱进口50万吨，以弥补预期高粱产量的下降。全球高粱进口来源主要是美国。预计2021/2022年度美国的高粱出口量将增长21.5%（160万吨）。

相比之下，2020/2021年度（7月/6月）全球大麦贸易量预计为3030万吨，比2020/2021年度下降8.5%（280万吨）。由于国内大麦产量的大幅增长，摩洛哥预计将减少进口70万吨（63.6%），是全球大麦贸易预期萎缩的主要原因。沙特阿拉伯由于将更多地使用国内生产的动物饲料并减少大麦进口补贴，预计也将减少大麦进口。2020/2021年度中国大麦进口量可能下降4.6%（50万吨），但仍将保持在1000多万吨的高位，这也使得中国继续成为全球最大大麦进口国。在出口方面，澳大利亚大麦产量大幅下降，预计2021/2022年度出口减少23%（150万吨）。俄罗斯由于预期产量略有下降，加之在2020/2021年度出口量创纪录后，库存有所收紧，大麦出口将同比减少16.7%

（100 万吨）。2021 年 6 月初对大麦出口征收的浮动税可能会进一步限制出口。

4. 粗粮消费

FAO 预测，2021/2022 年度，全球粗粮消费将增长 1.4%（2110 万吨），达到创纪录的 15.27 亿吨。这一增长的原因是随着经济开始从新冠肺炎疫情影响下复苏，工业消费将会提高，全球饲料使用也将增加。FAO 预测，在主要粗粮品种中，全球玉米消费同比增幅最大，为 2.1%（2500 万吨），达到 12.09 亿吨；其次是高粱消费，增长 2.1%（130 万吨），达到 6340 万吨；而大麦消费则下降 1.1%（170 万吨），为 1.568 亿吨。

FAO 预测，2021/2022 年度粗粮工业消费将出现强劲增长。2019/2020 年度新冠肺炎疫情限制了酒精需求，导致玉米工业消费减少。2020/2021 年度是玉米工业消费恢复增长的第二年，预期玉米工业消费将大幅提高。美国玉米工业消费占全球玉米工业消费量接近二分之一，随着经济复苏，汽油消费和乙醇需求增加，玉米工业消费量增加了近 7%。在中国，玉米工业消费量将增长 3%，主要原因是淀粉产量的增加。由于乙醇产量增加，巴西玉米工业消费量预计将提高约 7%。

FAO 预测，2021/2022 年度全球粗粮饲料消费也将增长，尽管增速低于过去 9 年，仅增长 0.8%（710 万吨），但总消费量仍将达到 8.95 亿吨。增长的主要原因为玉米饲料消费增加，预计将增长 1.3%，达到 7.17 亿吨。预计中国、巴西、欧盟和美国四大玉米饲料消费国都将增加玉米饲料消费。中国是全球最大玉米消费国，玉米饲料消费占全球玉米饲料消费近 30%。目前中国生猪养殖已基本恢复到非洲猪瘟影响前的水平，预计 2021/2022 年度，中国玉米饲料消费将增加 2.6%，以满足不断增长的饲料需求。巴西、欧盟和美国预计也将增加玉米饲料消费。预计 2021/2022 年度，全球高粱饲料消费量将连续第三个年度增长 9.5%，主要原因是中国作为全球高粱饲料消费大国预计将增加消费 180 万吨。预计阿根廷高粱饲料消费也将增加。相比之下，英国和沙特阿拉伯由于牧场条件良好、大麦进口补贴减少，对大麦饲料消费需求降低（英国降低 15%，沙特阿拉伯降低 10%），预计将更多使用本地生产的动物饲料，由此预计 2021/2022 年度全球大麦饲料消费量将减少 1.7%（190 万吨）。

2021/2022 年度全球粗粮食品消费量为 2.26 亿吨，预计比 2020/2021 年度增长 0.6%（140 万吨），全球人均消费保持稳定。预计消费增长基本集中在发展中国家，主要是非洲、亚洲和中美洲（相比非洲、亚洲，消费增长相对较少），且几乎全部是由于玉米消费增长。预计 2021/2022 年度玉米食品消费将增长 1.0%，主要集中在非洲。

5. 粗粮库存

2020/2021 年度粗粮库存将进一步收紧。FAO 预测，到 2022 年度结束时，全球粗粮库存将比初期库存下降 1.7%（570 万吨），为 3.282 亿吨，为近 8 年的最低水平，标志着全球粗粮连续第四个年度低于初期库存。由于预期消费增加和库存萎缩，全球粗粮库存消费比将从 2020/2021 年度的 21.9%降至 2021/2022

年度的 20.8%，为 2012/2013 年度以来的最低水平。主要出口国的期末库存占其国内消费和出口量的比率将略有增加，从 2020/2021 年度的 11.4%增长至 2021/2022 年度的 12.1%，反映出在贸易方面，全球粗粮供应情况略有改善。粗粮库存的预期下降主要原因是全球玉米库存进一步减少。预计 2021/2022 年度全球玉米库存将下降 2.7%（720 万吨），主要原因是尽管中国玉米进口量创纪录，但玉米库存预计将下降 8%（1040 万吨）。由于消费增加、低结转库存和产量略有下降，墨西哥的玉米库存也将减少 25%（100 万吨）。相比之下，欧盟玉米库存继去年大幅下降后，2021/2022 年度由于产量预期将创纪录，以及进口增加，玉米库存预计将增加 23.4%（280 万吨）。美国玉米库存预计在 2021/2022 年度也将小幅增长，增幅为 3.4%（120 万吨），原因是预计今年的产量接近历史最高记录，同时出口减少。然而，美国玉米库存为 3300 万吨，仍将远低于平均水平。

FAO 预测，全球大麦库存将同比增长 5.6%（180 万吨），主要原因是预期产量提高。预计加拿大库存增长 140%（70 万吨），欧盟库存增长 12.9%（100 万吨）。相比之下，全球高粱库存可能会小幅萎缩，2021/2022 年度下降 4.2%（34 万吨），且预计仅有几个非洲国家持有少量库存。

（三）稻米

FAO 预测，在正常生长条件下，2021 年全球稻米产量将增长 1.0%，达到 5.191 亿吨（以碾米计），为历史最高水平。由于政府对稻米行业的大力支持会减轻投入成本上升和其他作物竞争加剧带来的压力，预计亚洲将保持稻米产量增长。预计西非国家和澳大利亚的稻米产量也将增加。在其他地区，气候条件不景气或利润低可能导致稻米生产停滞或萎缩。

预计 2021 年全球稻米贸易将增长 5.6%，达到 4800 万吨。亚洲进口量恢复性增长和来自非洲的强劲进口需求将推动稻米进口量增长。在供应方面，预计印度扩大稻米销售将成为供应量增长的主要因素。初步预测 2022 年全球稻米贸易增幅不大，原因是来自非洲和近东地区的持续强劲需求可能不足以抵消远东地区稻米进口的缩减。

预计 2021/2022 年度，全球稻米消费将达到创纪录的 5.206 亿吨，同比增长 1.4%，主要原因是稻米食用和饲料消费增长。预计 2021/2022 市场年度末全球稻米库存为 1.846 亿吨，仅略高于初期库存，原因是主要稻米出口国及孟加拉国和印度尼西亚的稻米库存量可能会被中国稻米去库存量抵消。

FAO 公布的 2021 年 5 月平均稻米价格指数为 110.6 点，仅比 2020 年 12 月下降 0.7%，但比 2020 年同期水平下降 4.5%。尽管自 2020 年 12 月以来，美国加州稻米产量令人担忧推动粳稻价格上涨，但由于需求放缓，加之新稻上市和汇率变动，稻米细分市场价格受到抑制或感受到下行压力。

表 4 全球稻米供需概况

	2019/2020 年度	2020/2021 年度估计值	2021/2022 年度预测值	2021/2022 年度较 2021/2020 年度变化
	百万吨（以碾米计）			%
全球情况				
生产	502.9	514.0	519.1	1.0
贸易	45.4	48.0	47.9	0.0
总消费	504.4	513.3	520.6	1.4
食用	414.3	421.6	427.1	1.3
期末库存	183.0	183.9	184.6	0.4
供需指标				
人均食用消费：				
全球（公斤 / 年）	53.7	54.1	54.2	0.3
低收入缺粮国家（公斤 / 年）	65.0	65.9	65.9	0.1
全球库存消费比（%）	35.7	35.3	35.1	
主要出口国库存消费比（%）	24.5	24.9	26.0	
FAO 谷物价格指数（2014—2016=100）	2019 年	2020 年	2021 年 1—5 月	2021 年 1—5 月较 2020 年 1—5 月变化
	101	110	113	3.8

1. 稻米价格

与 2020 年 12 月的价格相比，2021 年 5 月稻米价格变化不大，但低于 2020 年同期价格高点。不同产地和细分市场的对比趋势显示，2021 年 5 月 FAO 大米价格指数保持在 110.6 点，仅比 2020 年 12 月时的水平下降 0.7%，但比 2020 年 5 月该指数创下的近 5 年半以来的高点低 4.5%。从稻米分类指数来看，香米和糯米的价格指数下跌，且下跌趋势仍会持续。其原因是稻米出口国稻米产量普遍增长，而稻米需求疲软（近东国家对印度香米的需求疲软尤为明显）。与此相对的是，由于灌溉用水供应紧张，美国加州稻米产量令人担忧，因而推动粳稻价格自年初以来上涨 12.0%。各类籼稻贸易流通最广，其报价情况也更加复杂。在今年头几个月，孟加拉国和尼日利亚在与印度等国的市场竞争中利润受到影响，但重要稻米进口国重新开始进口后，两国稻米依旧受到青睐。籼稻生产国同印度稻米的市场竞争使得籼稻贸易利润受到影响，亚洲所有主要籼稻出口国的报价都有所下跌。报价下跌的影响因素有泰国和越南籼稻丰产、汇率波动、贸易商推动销售等，受集装箱短缺和海运成本飙升影响，报价下跌趋势放缓。在近期籼稻价格走低的背景下，美国籼稻是唯一例外，于 4 月份开始上涨，原因是密西西比河三角洲地区的农民转向种植利润更高的玉米和大豆等作物。

2. 稻米生产

FAO 预测，尽管 2021 年全球稻米产量增速将放缓，但产量仍将进一步增长。虽然赤道沿线和南半球国家 2021 年的主要粮食作物已经完成收割，但北半球国家农事才刚开始，2021年第一季作物刚开始种植。FAO预测，在生长条件正常的情况下，2021年全球稻米产量将达到5.191亿吨（以碾米计）。1%的年增长率将创历史新高。与此同时，虽然预期稻米种植规模将延续2020年的强劲增长势头，但受化肥、燃料等基本投入品价格上涨的影响，加之新冠肺炎疫情在南亚和东南亚可能会再次暴发，其他粮食作物同稻米的竞争加剧，全球稻米产量增长可能放缓。预计2021年亚洲稻米产量年同比增长1.1%，达到4.654亿吨。政府继续针对粮食行业实施支持政策，通常采取投入补贴、生产者价格支持或更广泛的措施，减轻不利因素的影响，保障隔离措施期间农业活动能够继续开展。例如，在中国东北地区，由于与玉米的竞争加剧，粳稻前景暗淡。但受到政府提高本地籼稻收购价格影响，当地籼稻价格普遍走强，提振了粳稻前景。预计2021年产量可能达到1.466亿吨，同比增长1.0%。在印度，官方预测季风气候正常，加之因实施最低支持价格政策，公共部门大量收购稻米，印度稻米价格保持在相对较高的水平。印度稻米产量有望达到1.231亿吨，延续2020年创纪录的表现。在连续两年因气候因素导致稻米产量下降之后，得益于季节性降雨条件的大幅度改善，以及自2020年开始政府开放湿地和泥炭地用于水稻种植，同时加大投入，扩大灌溉计划，印度尼西亚的稻米产量也有望恢复。若生长条件正常，稻米价格高企，孟加拉国和泰国有望扩大稻米生产，同时孟加拉国政府推进机械化和扩大杂交品种的覆盖范围也将进一步推动本国稻米生产。2021年大多数其他亚洲稻米生产国产量也有望进一步提高，或保持2020年的高产水平，日本、阿富汗、伊朗、伊拉克、缅甸等国和中国台湾地区情况可能例外。在日本，稻米价格预期低迷可能会刺激更多农民参与政府鼓励从种植稻米转移到种植其他作物的计划中。在阿富汗、伊朗、伊拉克、缅甸等国和中国台湾地区，灌溉用水供应不足或生产投入成本高可能会对稻米种植产生不利影响。

FAO预测，非洲2021年稻米产量有望达到2560万吨，同比增长1.0%。预期产区将集中在非洲大陆西部，特别是尼日利亚。此外，科特迪瓦、加纳和塞内加尔也将成为集中产区。上述国家2020年稻米生产受气候影响后，产量有望恢复。同时，在受国内稻米价格高企影响和援助项目持续投入的支持下，稻米种植面积将会扩大。非洲其他地区的产量预期不够理想。例如，埃及由于加紧实施节水耕作，导致稻米利润率下降，生产者会更多转向种植棉花，由此预测埃及稻米产量将降低至430万吨，同比减少3.7%。由于预期利润率下降，坦桑尼亚稻米的预期产量可能也将降低。马达加斯加季节性降雨延迟及初期降雨量不足也可能造成该国稻米预期产量下降。即使自2021年初降雨情况有所改善，风暴灾害发生率降低，减轻马达加斯加的农业生产损失，该国稻米预期产量仍有可能下降。

在拉丁美洲和加勒比地区，原先预期2021年稻米产量会超过2020年同期水平（1870万吨），但受拉尼娜现象引发的反常干旱、灌溉水供应短缺影响，该预期将会打折扣。同时这些不利影响也限制了阿根廷、巴西和乌拉圭的稻米生产者扩大优价稻米种植面积，并造成巴拉圭和秘鲁等国稻米种植面积缩减。另一方面，有利的温度和良好的日照条件推动了阿根廷、乌拉圭，尤其是巴西一些地区的稻米产量增长。哥伦比亚稻米生产者价格下跌，生产者缩减过剩稻米生产，古巴、海地、委内瑞拉和玻利瓦尔基础投入不足，玻利维亚降雨不稳定，造成这些国家的稻米预期产量下降，但可能会被阿根廷、乌拉圭和巴西的产量增长抵消。与此同时，哥斯达黎加、多米尼加和洪都拉斯等多个中美洲和加勒比国家将从2020年的连续风暴影响中恢复，墨西哥稳定了生产者价格，激励了稻米种植，有望实现增产。

在其他地区，预期欧洲的稻米产量略有增长，葡萄牙供水改善，意大利气候不稳定因素减弱，有利于稻米产量增长。但俄罗斯的稻米生产者受水肥成本上升影响可能会缩减稻米种植，因而欧盟稻米产量增长可能会被俄罗斯稻米产量下降所抵消。美国稻米生产前景也不容乐观，2021年产量约650万吨，比2020年减少11%。原因是密西西比河三角洲地区的稻米生产者转而种植玉米和大豆，同时加州供水紧张也限制了稻米种植。相比之下，虽然2020年澳大利亚因干旱稻米种植面积跌至近12年以来最低点，但高利润率和水资源配置改善使得2021年澳大利亚稻米种植面积同比增长了8倍。澳大利亚稻米产量有望从2020年的3.52万吨增长到2021年的30.5万吨。

3. 稻米贸易

亚洲和非洲的进口将支撑2021年的稻米贸易，2021年印度全球市场份额可能会超过33%。2020年国际稻米贸易恢复2.8%的年增长率，今年有望继续增长，2021年（1—12月）全球大米贸易总量预计将达到4800万吨，比2020年增长5.6%。进口方面，多国由于国内稻米价格上涨，倾向于从国外进口价格更低廉的稻米，因而稻米贸易增长态势获得看好。在亚洲，预计2021年稻米贸易将实现增长，尤其是孟加拉国，在批准减免关税和努力通过进口轮换国有库存后，2021年的进口量可能激增至180万吨，为近4年来的最高点。国内外价差也吸引了越南和中国等全球稻米生产国2021年增加进口，其中一部分将用于饲料和工业部门。随着伊拉克公共部门恢复从国外采购稻米用于定量配给制度，预期稻米将大量流入伊拉克。同时稻米也将流入科特迪瓦、塞内加尔和尼日利亚等非洲国家。尼日利亚预计于12月取消边境封锁，将有助于稻米进口。阿富汗、尼泊尔和沙特阿拉伯预期将减少稻米进口。印度尼西亚由于国内稻米收购量增加，无需进口，进口量也将较低。这些国家稻米进口量的减少会被伊拉克等国进口量的增加所冲抵。除亚洲和非洲以外，其他地区进口前景较为黯淡。预计欧盟进口碎米和美国进口印度香米数量将减少。在拉丁美洲和加勒比地区，由于中美洲和加勒比各国稻米产量增加，加之巴西雷亚尔疲软，也可能导致2021年该地区稻米进口放缓。尽管新冠肺炎疫情给稻米贸易带来了许多物流方面的挑战（包括供应商减少碾米和港口作业），最近集装箱短缺和运费飞涨也加剧了这些挑战，2020 年的国际稻米贸易仍然充满活力。成本因素刺激了进口商购买价格更低廉的稻米，特别是来自印度的稻米。印度稻米出口量较大，政府开放卡基纳达深水港和帕拉迪普港帮助稻米出口，加快交割。尽管最近一波新冠肺炎疫情对印度稻米加工和运输产生了影响，但若物流情况逐步改善，预计印度稻米出口将创下 1620 万吨新高。这将使印度在全球稻米出口市场所占份额从 2011 年的 13%和 2020 年的 32%上升为目前的 34%。尽管市场竞争加剧可能会限制泰国、美国和越南扩大稻米销售，但稻米产量提高使得 3 国有望在 2021 年恢复部分出口。巴基斯坦稻米相对低廉的价格和中国对稻米的需求将推动巴基斯坦的稻米出口。相比之下，持续的稻米供应紧张可能会影响阿根廷、巴西、巴拉圭和乌拉圭的稻米贸易。缅甸由于政治动荡导致运输、通信和银行业经营中断，阻碍船舶海运，预计稻米贸易量也将下降。初步估测，2022 年全球稻米贸易量仍将接近 2021 年的水平，为 4790 万吨。2021 年全球稻米有望整体丰产，预计 2022 年中国、马来西亚和越南等亚洲国家将停止依赖进口。孟加拉国由于轮换库存和价格压力下降，可能会恢复边境保护措施，因而该国的进口量将重新降为接近零，与 2019 年和 2020 年相当。非洲国家国内需求强劲，将进一步扩大稻米进口。近东国家产量下降，也会增加稻米进口。出口国中，印度稻米出口量充足、价格较低，2022 年出口量保持基本不变。泰国籼稻产量增长，市场竞争力将会提高。在这样的背景下，预计 2022 年巴西、柬埔寨、巴基斯坦和美国稻米出口将有所减少，越南的稻米出口受到的影响最大。

4. 稻米消费

食用仍是全球稻米消费增长的主要驱动力，但饲用消费也有望增长。FAO 初步预测 2021/2022 年度全球稻米消费量将达到 5.206 亿吨，比上一年度增长 1.4%。预计其中食用消费量每年增长 560 万吨，达到 4.271 亿吨，占总消费量比例达到 82%。食用消费增长同全球人口预计增长速度保持一致，全球人均年稻米消费相对稳定在 54.2 公斤 / 人。远东国家一些消费者长期由食用稻米转向食用其他粮食，导致稻米消费量下降，下降量超过了一些其他国家因供给充足和政府配给项目带来的稻米消费增加量，人均食用消费接近 8 年新高 77.3 千克 / 人，因此亚洲稻米消费保持“相对稳定”。在其他地区，如拉丁美洲和加勒比地区以及非洲，预计稻米人均消费量年变化较小，但也有加快增长的趋势。

另一方面，预计 2021/2022 年度稻米用于种子、非食品工业用途，以及产后损失总量为约 7420 万吨。饲用占全球稻米消费量的一小部分（约 3%）。但自 2020 年末以来，粗粮和大豆价格上涨，刺激了将过剩稻米转向用于商业动物饲料生产，在远东国家尤为典型。例如中国是全球饲用稻米的集中消费区，但在中国，传统上稻米作为饲料主要在农场内部使用。这些因素可能在短期内使稻米饲用趋势保持乐观，但由于中国及其他地区通常使用成本效益更高的玉米和小麦作为饲料，稻米作为商业饲料原料的吸引力是否会持续下去，还有待观察。FAO 预测，2021/2022 年度全球大米饲用料消费量为 1930 万吨，年增长率 10%，但仍仅占预期年度总消费量的 4%。

5. 稻米库存

预计 2021/2022 年度全球稻米库存将缓慢增长，预计中国稻米库存的持续下降将减小全球稻米库存的增长幅度。自 2018/2019 年度达到 1.861 亿吨的历史高位以来，全球稻米库存未出现增长。主要原因是传统稻米进口国稻米产量下降以及中国削减稻米库存。尽管如此，由于其他地区的稻米储备积累（尤其是印度，因为实施了稻米最低支持价格政策，稻米收购量不断增加），全球稻米储备依然充足。预计这些趋势将延续到下一年度，预计 2021/2022 市场年度结束时，全球稻米库存为 1.846 亿吨，仅比初期库存高 0.4%，但仍是有记录以来的第二高水平。

随着中国饲料和畜牧业的发展，预期 2021/2022 年度轮出的政府储备稻米将继续被用于饲料行业。这可能使得中国稻米储备连续三年下降。降至约 1 亿吨，为近 5 年的最低点。与此同时，稻米作为饲料，其成本效益可能仍会受替代饲料市场发展、库存轮出价格、国内政策性收购量和国家储规模等因素的影响，因而稻米作为饲料的发展前景还存在许多不确定性。

在其他国家，例如印度尼西亚、斯里兰卡，特别是孟加拉国等远东各国，通过国内收购和或进口重新增加国家储备，结转库存将会增加。随着 2021 年稻米丰收和进口反弹，孟加拉国预计将增加 10%的稻米储备，达到 660 万吨。预计巴西和韩国会重新增加结转库存，但仍低于 2015/2016 年度的库存高点。尼日利亚稻米产量和进口增加，也将扩大库存规模。五大稻米出口国（印度、巴基斯坦、泰国、美国和越南）预计 2021/2022 年度结束时的库存量将达到 4850 万吨，较初期库存增长 4.9%，为 2013/2014 年度以来的最高水平。预计仅巴基斯坦和美国在保持产量稳定和大量出口的前提下会削减稻米库存。但印度和泰国股市上涨可能会给削减库存的前景蒙上阴影。因此，主要稻米出口国去库存比率将从 2020/2021 年度的 24.9%上升到 2021/2022 年度的 26.0%。

（四）油料油脂

FAO 预测，2020/2021 年度油籽及衍生产品市场供应持续偏紧，原因是预计产量增产不足以应对需求增长。2020/2021 年度全球油料产量有望较上年度增长，部分产区的大豆和油菜籽增产量大于气候导致的全球葵花籽减产量。尽管全球饼粕产量预计肯定出现回升，在中国市场的带动下，全球饼粕消费量也将持续增长。随着全球豆粕消费量有望超越供应量，全球饼粕结转库存预计将连续第二年度出现下降，有可能降至 7 年来的最低点，进一步拉低库存消费比。

全球油脂产量有望从上年度的低谷中回升，主要原因是棕榈油和大豆油增产。全球植物油消费量预计略有增长，新冠肺炎疫情和价格高企是主要原因。油脂总产量预计将低于消费量，或将导致全球油脂库存降至11年来最低点，库存消费比也将大幅下降。

对于即将到来的2021/2022年度，FAO初步预测全球供求关系或将稍有改善。早期预测认为豆粕和植物油可能出现大幅增产。但这一预测还是面临着很多不确定性，包括主产区的气候条件、新冠肺炎疫情的发展态势和疫苗效果、影响贸易的国家政策，以及生物燃料的混合比例规定等等。

表5 全球油料供需概况

	2018/2019年度	2019/2020年度估计值	2020/2021年度预测值	2020/2021年度较2019/2020年度变化
	百万吨			%
油料合计				
产量	613.0	588.0	610.1	3.8
油脂				
产量	242.2	234.2	241.2	3.0
供给	284.5	274.8	275.6	0.3
消费	243.3	242.4	244.1	0.7
贸易	132.3	134.9	135.8	0.7
全球库存消费比（%）	16.7	14.2	12.5	
主要出口国库存消耗比（%）	13.4	10.7	8.3	
饼粕				
生产	158.7	149.9	157.6	5.1
供给	189.6	183.6	187.5	2.1
消费	153.2	157.3	159.9	1.7
贸易	98.7	105.4	106.6	1.2
全球库存消费比（%）	22.0	19.0	16.2	
主要出口国库存消耗比（%）	16.2	11.8	7.9	
FAO谷物价格指数（1—12月）(2014—2016=100)	2019年	2020年	2021年1—5月	2021年1—5月较2020年1—5月变化
油籽	88	97	140	57.6
饼粕	80	92	121	41.7
植物油	83	99	156	73.5

1. 油料油脂价格

2020/2021年度（10月/9月），全球油籽及衍生产品的价格持续攀升。在供求关系趋紧的预测影响下，2021年5月FAO油籽、油粕和植物油价格指数比去年同期有较大增长。

FAO油籽价格指数从2020年6月起持续攀升，主要原因是在非洲猪瘟疫情结束后，中国为提高生猪存栏量持续进口大豆，推高了国际市场大豆价格。2020/2021年度上半年持续的干旱天气影响了南美大豆作物生长，导致阿根廷大豆歉收。近期全球大豆压榨需求强劲，且2021/2022年度伊始美国的气温和土壤水分含量都低于历史平均值，更是为全球大豆价格提供了上行支持。由于供应紧张，全球油菜籽和葵花籽价格也达到历年高位。

2020/2021年度伊始，在中国需求的推动下和阿根廷豆粕出口供应有限的影响下，FAO油粕价格指数表现坚挺。但在2月份以后，随着南美新收获作物入市，国际油粕价格出现下跌。

FAO植物油价格指数自2020年初受新冠肺炎疫情影响严重下跌后，从2020年7月开始大幅上升，在2021年5月达到了去年同期的2倍。主要因素是棕榈油价格的上涨。豆油价格保持坚挺，原因是全球需求强劲、供应偏紧。欧盟对生物柴油和食物消费的需求回升，以及主产国出口能力下降，造成了油菜籽和葵花籽油的价格上升。

2. 油料油脂生产

2020/2021年度全球油籽产量预计回升，达到6.101亿吨。主要原因是种植面积的扩大，次要原因是主产国单产提高。全球大豆和油菜籽的增产幅度预计大于葵花籽减产幅度。

全球大豆产量预计达到3.634亿吨。2020/2021年度北半球主产国预计都将迎来增产。美国大豆产量预测将达到1.125亿吨，中国大豆将连续7季增产，印度大豆产量也将大幅回升。南半球大豆的收成喜忧参半。巴西有望迎来历史最高产量，阿根廷在种植面积减少和干旱气候的影响下将出现大豆减产。

FAO预测全球油菜籽产量将略有回升。欧盟产量连续第3季下降，原因是种植面积不断下降。加拿大产量将降至5年最低点，原因是干旱气候导致单产下降，种植面积也有所减少。澳大利亚的油菜籽种植面积和单产都有提高，因此将迎来大幅增产。

全球葵花籽产量将跌至3年最低，主要的减产地区是乌克兰、俄罗斯和欧盟。尽管上述地区的种植面积都有所增加，仍无法抵消不利天气带来的单产大幅下降的影响。

基于对上述油料增产的预测，FAO预计2020/2021年度油脂将增产至2.412亿吨，仅略低于2018/2019年度的历史最高纪录。棕榈油、大豆油、菜籽油、棕榈仁油、椰子油增产幅度远远大于葵花籽油的预期减产幅度。2020/2021年度全球油脂供应量（包括2019/2020年度的结转库存）预计同比小幅上升。虽然期初库存处于低位，印尼、美国和巴西的增产预计将带来国内供应量的明显提升。阿根廷和欧盟则连续第2季遭遇油脂供应量减少，原因是产量和结转库存均有所下降。

FAO预计2020/2021年度全球饼粕产量在上一季大幅减产后将出现部分回升，达到1.576亿吨（以蛋白质当量表达）。预计大豆粕和油菜籽粕增产幅度将大于葵花籽粕和棉籽粕的减产幅度。由于结转库存处于低位，全球饼粕供应量预计小幅增长2.1%。

基于有限的信息，FAO初步预测2021/2022年度全球油籽有可能刷新历史最高纪录。原因是油籽价格居高不下可能带来种植面积的持续增加；若气候条件正常，单产也有望大幅提高。

3. 油料油脂消费

新冠肺炎疫情持续导致收入下降，抑制了

全球油脂消费。预计 2020/2021 年度消费量仅比 2019/2020 年度的极低水平略有回升。

油脂消费量增长主要来自棕榈油和大豆油。葵花籽油和棉籽油消费量将下降。包括中国、印度尼西亚在内的亚洲发展中国家是消费量增长的主要力量。印度为遏制新冠肺炎疫情蔓延持续采取封锁措施，其油脂消费量预计维持在去年的低位。美国、巴西油脂消费量预计略有回升。生物柴油消费需求疲软或将导致欧盟油脂消费量大幅下降。

多国出现植物油价格上涨制约了食用和非食用消费。矿物油和主要植物油之间的价差影响了生物柴油行业对植物油的需求。

连续两季增速低于均值后，2020/2021 年度全球饼粕消费量增长预计保持平缓。原因是全球供应量增长有限，动物饲料消费量前景不明。

全球饼粕消费的动力预计主要来自中国。非洲猪瘟疫情逐渐平息后，中国将持续提高生猪存栏量，禽类和水产养殖业也在稳步回暖。在美国，由于饲料生产成本上升导致利润下降，畜牧业对饼粕的需求预计放缓。在欧盟，新冠肺炎疫情造成的封锁措施和持续的供应紧张将使得饼粕消费量连续第 2 年下降。

4. 油料油脂库存

FAO 初步预测，由于消费量将大于产量，2020/2021 年度全球油脂期末库存（包括油籽库存中所含的油）将达到 3060 万吨，为 11 年来的最低点。大豆、油菜籽和葵花籽油的库存预计都将下降，总体降幅超过棕榈油库存的增幅。美国、加拿大、阿根廷和欧盟的油脂库存预计出现下降，中国、印尼和马来西亚的库存有望增加。

全球油脂库存消费比预计连续第三季下降，达到历年最低。主要出口国的油脂库存消耗比也将遭遇同等降幅。

2020/2021 年度全球饼粕期末库存（包括油籽库存中所含的粕）预计大幅缩水至 2590 万吨（以蛋白质当量表达），为 7 年来最低点。全球大豆粕、油菜籽粕、葵花籽粕的库存预计同比大幅下降。

在美国，结转库存减少、出口有望急剧增长预计将使饼粕库存下降三分之二。阿根廷、加拿大、欧盟库存也将减少，原因都是结转库存和国内产量的减少。中国的饼粕库存预计随着进口增长而增加。

基于以上预测，全球主要饼粕出口国的库存消费比和库存消耗比预计连续第二季下降，达到历年最低，进一步推高自 2020 年中就开始上涨的饼粕价格。

5. 油料油脂贸易

2020/2021 年度全球油脂贸易量预计增幅小于 1%，达到 1.358 亿吨（包括交易油料中所含的油）。增长主要来自棕榈油。全球大豆油和菜籽油贸易量预计增加。由于葵花籽大幅减产，葵花籽油的贸易量将有大幅下降。棕榈油的市场份额将恢复到 40%左右，稳居油脂贸易量首位。

进口方面，增长主要来自亚洲，尤其是中国。受新冠肺炎疫情影响，印度、欧盟的油脂需求量大幅下降，进口量预计将随之下降。

出口方面，印尼和美国油脂出口量预计增

长。然而，随着印尼为支持本国生物柴油项目修订棕榈油出口关税，或将对其未来棕榈油出口量增长造成限制。乌克兰、俄罗斯、巴西的油脂出口量预计下降。

2020/2021 年度全球饼粕贸易量（包括交易的油籽中所含的粕）预计小幅增长。增幅大大低于上一季。大豆粕交易量预计略有上涨，葵花籽粕交易量将明显下降。

进口方面，2020/2021 年度全球饼粕进口量的增长主要来自中国为扩大生猪存栏量的进口。欧盟需求受新冠肺炎疫情影响，进口预计下降。南亚部分国家的进口也难以出现增长。

出口方面，受产量大增提振，美国 2020/2021 年度饼粕出口量有望突破历史最高纪录。巴西、阿根廷出口量则预计下降。受国内葵花籽供应急剧减少影响，乌克兰、俄罗斯的饼粕出口量预计下降。

编译单位：国家粮食和物资储备局外事司

编译人：胡瑶庆、张怡、刘浪宇

审稿人：曹颖君

编译自 FAO 2021 年 6 月 *Food Outlook*

四　粮食行业统计资料

1. 全国主要粮食及油料播种面积（1978—2020 年）
2. 全国主要粮食及油料产量（1978—2020 年）
3. 全国主要粮食及油料单位面积产量（1978—2020 年）
4. 各地区粮食播种面积（2019—2020 年）
5. 各地区粮食总产量（2019—2020 年）
6. 各地区粮食单位面积产量（2019—2020 年）
7. 2020 年各地区粮食及油料播种面积和产量（一）
7. 2020 年各地区粮食及油料播种面积和产量（二）
7. 2020 年各地区粮食及油料播种面积和产量（三）
8. 2020 年各地区粮油产量及人均占有量排序
9. 2020 年各地区人均粮食占有量
10. 2020 年各地区人均农产品占有量
11. 2020 年分地区粮食产业主要经济指标情况
12. 2020 年分地区粮食产业生产能力汇总
13. 粮食成本收益变化情况（1991—2020 年）
14. 国有粮食企业主要粮食品种收购量（2005—2020 年）
15. 国有粮食企业主要粮食品种销售量（2005—2020 年）
16. 全国粮油进口情况（2001—2020 年）
17. 全国粮油出口情况（2001—2020 年）
18. 国民经济与社会发展总量指标（1978—2020 年）（一）
18. 国民经济与社会发展总量指标（1978—2020 年）（二）

表 1　全国主要粮食及油料播种面积（1978—2020 年）

单位：千公顷

年份	粮食					油料
		稻谷	小麦	玉米	大豆	
1978	120587	34421	29183	19961	7144	6222
1979	119263	33873	29357	20133	7247	7051
1980	117234	33878	28844	20087	7226	7928
1981	114958	33295	28307	19425	8024	9134
1982	113462	33071	27955	18543	8419	9343
1983	114047	33136	29050	18824	7567	8390
1984	112884	33178	29576	18537	7286	8678
1985	108845	32070	29218	17694	7718	11800
1986	110933	32266	29616	19124	8295	11415
1987	111268	32193	28798	20212	8445	11181
1988	110123	31987	28785	19692	8120	10619
1989	112205	32700	29841	20353	8057	10504
1990	113466	33064	30753	21401	7560	10900
1991	112314	32590	30948	21574	7041	11530
1992	110560	32090	30496	21044	7221	11489
1993	110509	30355	30235	20694	9454	11142
1994	109544	30171	28981	21152	9222	12081
1995	110060	30744	28860	22776	8127	13102
1996	112548	31407	29611	24498	7471	12555
1997	112912	31765	30057	23775	8346	12381
1998	113787	31214	29774	25239	8500	12919
1999	113161	31283	28855	25904	7962	13906
2000	108463	29962	26653	23056	9307	15400
2001	106080	28812	24664	24282	9482	14631
2002	103891	28202	23908	24634	8720	14766
2003	99410	26508	21997	24068	9313	14990
2004	101606	28379	21626	25446	9589	14431
2005	104278	28847	22793	26358	9591	14318
2006	104958	28938	23613	28463	9304	11738
2007	105999	28973	23762	30024	8801	12344
2008	107545	29350	23704	30981	9225	13232
2009	110255	29793	24425	32948	9339	13445
2010	111695	30097	24442	34977	8700	13695
2011	112980	30338	24507	36767	8103	13471
2012	114368	30476	24551	39109	7405	13435
2013	115908	30710	24440	41299	7050	13438
2014	117455	30765	24443	42997	7098	13395
2015	118963	30784	24567	44968	6827	13314
2016	119230	30746	24666	44178	7599	13191
2017	117989	30747	24478	42399	8245	13223
2018	117038	30189	24266	42130	8413	12872
2019	116064	29694	23728	41284	9332	12925
2020	116768	30076	23380	41264	9882	13129

注：2007—2017 年粮食及油料数据根据 2016 年第三次农业普查情况做了相应衔接修订。
数据来源：国家统计局统计资料。

表 2　全国主要粮食及油料产量（1978—2020 年）

单位：万吨

年份	粮食	稻谷	小麦	玉米	大豆	油料
1978	30477	13693	5384	5595	757	522
1979	33212	14375	6273	6004	746	644
1980	32056	13991	5521	6260	794	769
1981	32502	14396	5964	5921	933	1021
1982	35450	16160	6847	6056	903	1182
1983	38728	16887	8139	6821	976	1055
1984	40731	17826	8782	7341	970	1191
1985	37911	16857	8581	6383	1050	1578
1986	39151	17222	9004	7086	1161	1474
1987	40473	17442	8777	7982	1218	1528
1988	39408	16911	8543	7735	1165	1320
1989	40755	18013	9081	7893	1023	1295
1990	44624	18933	9823	9682	1100	1613
1991	43529	18381	9595	9877	971	1638
1992	44266	18622	10159	9538	1030	1641
1993	45649	17751	10639	10270	1531	1804
1994	44510	17593	9930	9928	1600	1990
1995	46662	18523	10221	11199	1350	2250
1996	50453	19510	11057	12747	1322	2211
1997	49417	20073	12329	10431	1473	2157
1998	51230	19871	10973	13295	1515	2314
1999	50839	19849	11388	12809	1425	2601
2000	46218	18791	9964	10600	1541	2955
2001	45264	17758	9387	11409	1541	2865
2002	45706	17454	9029	12131	1651	2897
2003	43070	16066	8649	11583	1539	2811
2004	46947	17909	9195	13029	1740	3066
2005	48402	18059	9745	13937	1635	3077
2006	49804	18172	10847	15160	1508	2640
2007	50414	18638	10949	15512	1279	2787
2008	53434	19261	11290	17212	1571	3037
2009	53941	19620	11580	17326	1522	3139
2010	55911	19723	11609	19075	1541	3157
2011	58849	20288	11857	21132	1488	3213
2012	61223	20653	12247	22956	1344	3286
2013	63048	20629	12364	24845	1241	3348
2014	63965	20961	12824	24976	1269	3372
2015	66060	21214	13256	26499	1237	3390
2016	66044	21109	13319	26361	1360	3400
2017	66161	21268	13424	25907	1528	3475
2018	65789	21213	13144	25717	1597	3433
2019	66384	20961	13360	26078	1809	3493
2020	66949	21186	13425	26067	1960	3586

注：2007—2017 年粮食及油料数据根据 2016 年第三次农业普查情况做了相应衔接修订。

数据来源：国家统计局统计资料。

表 3　全国主要粮食及油料单位面积产量（1978—2020 年）

单位：公斤 / 公顷

年份	粮食	稻谷	小麦	玉米	大豆	油料
1978	2527	3978	1845	2803	1059	839
1979	2785	4244	2137	2982	1029	913
1980	2734	4130	1914	3116	1099	970
1981	2827	4324	2107	3048	1162	1117
1982	3124	4886	2449	3266	1073	1265
1983	3396	5096	2802	3623	1290	1257
1984	3608	5373	2969	3960	1331	1372
1985	3483	5256	2937	3607	1361	1338
1986	3529	5338	3040	3705	1400	1291
1987	3637	5418	3048	3949	1443	1366
1988	3579	5287	2968	3928	1434	1243
1989	3632	5508	3043	3878	1269	1233
1990	3933	5726	3194	4524	1455	1480
1991	3876	5640	3100	4578	1379	1421
1992	4004	5803	3331	4533	1427	1428
1993	4131	5848	3519	4963	1619	1619
1994	4063	5831	3426	4693	1735	1647
1995	4240	6025	3541	4917	1661	1718
1996	4483	6212	3734	5203	1770	1761
1997	4377	6319	4102	4387	1765	1742
1998	4502	6366	3685	5268	1783	1791
1999	4493	6345	3947	4945	1789	1871
2000	4261	6272	3738	4597	1656	1919
2001	4267	6163	3806	4698	1625	1958
2002	4399	6189	3777	4924	1893	1962
2003	4332	6061	3932	4813	1653	1875
2004	4620	6311	4252	5120	1815	2125
2005	4642	6260	4275	5287	1705	2149
2006	4745	6280	4593	5326	1621	2249
2007	4756	6433	4608	5167	1454	2258
2008	4969	6563	4763	5556	1703	2295
2009	4892	6585	4741	5258	1630	2335
2010	5006	6553	4750	5454	1771	2305
2011	5209	6687	4838	5748	1836	2385
2012	5353	6777	4989	5870	1814	2446
2013	5440	6717	5059	6016	1760	2491
2014	5446	6813	5246	5809	1787	2517
2015	5553	6891	5396	5893	1811	2546
2016	5539	6866	5400	5967	1789	2578
2017	5607	6917	5484	6110	1854	2628
2018	5621	7027	5417	6104	1898	2667
2019	5720	7059	5630	6317	1939	2702
2020	5734	7044	5742	6317	1983	2732

注：2007—2017 年粮食及油料数据根据 2016 年第三次农业普查情况做了相应衔接修订。

数据来源：国家统计局统计资料。

表 4　各地区粮食播种面积（2019—2020 年）

单位：千公顷

地区	2019 年	2020 年	2020 年比 2019 年增加	
			绝对数	%
全国总计	116063.6	116768.2	704.6	0.6
东部地区	24899.8	24892.6	-7.2	-0.0
中部地区	34037.8	34330.7	292.9	0.9
西部地区	33654.2	33897.5	243.3	0.7
东北地区	23471.8	23647.3	175.6	0.7
北　京	46.5	48.9	2.4	5.1
天　津	339.3	350.2	10.9	3.2
河　北	6469.2	6388.8	-80.4	-1.2
山　西	3126.2	3130.0	3.9	0.1
内蒙古	6827.5	6833.2	5.7	0.1
辽　宁	3488.7	3527.2	38.4	1.1
吉　林	5644.9	5681.8	36.9	0.7
黑龙江	14338.1	14438.4	100.3	0.7
上　海	117.4	114.3	-3.1	-2.6
江　苏	5381.5	5405.6	24.2	0.4
浙　江	977.4	993.4	16.0	1.6
安　徽	7287.0	7289.5	2.5	0.0
福　建	822.4	834.4	12.0	1.5
江　西	3665.1	3772.4	107.2	2.9
山　东	8312.8	8281.5	-31.3	-0.4
河　南	10734.5	10738.8	4.2	0.0
湖　北	4608.6	4645.3	36.7	0.8
湖　南	4616.4	4754.8	138.4	3.0
广　东	2160.6	2204.7	44.0	2.0
广　西	2747.0	2806.1	59.1	2.2
海　南	272.6	270.7	-1.9	-0.7
重　庆	1999.3	2003.1	3.8	0.2
四　川	6279.3	6312.6	33.3	0.5
贵　州	2709.4	2754.1	44.7	1.7
云　南	4165.8	4167.4	1.6	0.0
西　藏	184.8	182.3	-2.5	-1.3
陕　西	2998.9	3001.0	2.1	0.1
甘　肃	2581.1	2638.3	57.2	2.2
青　海	280.2	290.0	9.8	3.5
宁　夏	677.4	679.2	1.8	0.3
新　疆	2203.6	2230.2	26.6	1.2

注：东部地区包括：北京、天津、河北、上海、江苏、浙江、福建、山东、广东、海南等 10 省市；中部地区包括：山西、安徽、江西、河南、湖北、湖南等 6 省；西部地区包括：重庆、四川、贵州、云南、西藏、陕西、甘肃、青海、宁夏、新疆、内蒙古、广西等 12 省区市；东北地区包括：辽宁、吉林、黑龙江等 3 省。

数据来源：国家统计局统计资料。

表 5　各地区粮食总产量（2019—2020 年）

单位：万吨

地区	2019 年	2020 年	2020 年比 2019 年增加	
			绝对数	%
全国总计	66384.3	66949.2	564.8	0.9
东部地区	15622.2	15843.0	220.8	1.4
中部地区	19968.4	20175.7	207.3	1.0
西部地区	16982.9	17247.7	264.8	1.6
东北地区	13810.9	13682.8	-128.1	-0.9
北　京	28.8	30.5	1.8	6.2
天　津	223.3	228.2	4.9	2.2
河　北	3739.2	3795.9	56.7	1.5
山　西	1361.8	1424.3	62.5	4.6
内蒙古	3652.5	3664.1	11.6	0.3
辽　宁	2430.0	2338.8	-91.1	-3.7
吉　林	3877.9	3803.2	-74.8	-1.9
黑龙江	7503.0	7540.8	37.8	0.5
上　海	95.9	91.4	-4.5	-4.6
江　苏	3706.2	3729.1	22.9	0.6
浙　江	592.1	605.7	13.6	2.3
安　徽	4054.0	4019.2	-34.8	-0.9
福　建	493.9	502.3	8.4	1.7
江　西	2157.5	2163.9	6.4	0.3
山　东	5357.0	5446.8	89.8	1.7
河　南	6695.4	6825.8	130.4	1.9
湖　北	2725.0	2727.4	2.4	0.1
湖　南	2974.8	3015.1	40.3	1.4
广　东	1240.8	1267.6	26.8	2.2
广　西	1332.0	1370.0	38.0	2.9
海　南	145.0	145.5	0.5	0.3
重　庆	1075.2	1081.4	6.3	0.6
四　川	3498.5	3527.4	28.9	0.8
贵　州	1051.2	1057.6	6.4	0.6
云　南	1870.0	1895.9	25.8	1.4
西　藏	103.9	102.9	-1.0	-1.0
陕　西	1231.1	1274.8	43.7	3.6
甘　肃	1162.6	1202.2	39.6	3.4
青　海	105.5	107.4	1.9	1.8
宁　夏	373.2	380.5	7.3	2.0
新　疆	1527.1	1583.4	56.3	3.7

注：东部地区包括：北京、天津、河北、上海、江苏、浙江、福建、山东、广东、海南等 10 省市；中部地区包括：山西、安徽、江西、河南、湖北、湖南等 6 省；西部地区包括：重庆、四川、贵州、云南、西藏、陕西、甘肃、青海、宁夏、新疆、内蒙古、广西等 12 省区市；东北地区包括：辽宁、吉林、黑龙江等 3 省。

数据来源：国家统计局统计资料。

表 6　各地区粮食单位面积产量（2019—2020 年）

单位：公斤 / 公顷

地区	2019 年	2020 年	2020 年比 2019 年增加	
			绝对数	%
全国总计	5719.7	5733.5	13.9	0.2
东部地区	6274.0	6364.5	90.5	1.4
中部地区	5866.5	5876.9	10.3	0.2
西部地区	5046.3	5088.2	41.9	0.8
东北地区	5884.0	5786.2	-97.9	-1.7
北　京	6183.1	6243.9	60.8	1.0
天　津	6580.4	6515.7	-64.7	-1.0
河　北	5780.1	5941.5	161.4	2.8
山　西	4356.1	4550.4	194.2	4.5
内蒙古	5349.8	5362.2	12.5	0.2
辽　宁	6965.2	6630.9	-334.2	-4.8
吉　林	6869.8	6693.6	-176.1	-2.6
黑龙江	5232.9	5222.7	-10.2	-0.2
上　海	8170.4	8002.6	-167.7	-2.1
江　苏	6887.0	6898.5	11.5	0.2
浙　江	6058.2	6097.2	39.1	0.6
安　徽	5563.3	5513.7	-49.6	-0.9
福　建	6005.4	6019.9	14.5	0.2
江　西	5886.4	5736.1	-150.3	-2.6
山　东	6444.3	6577.1	132.8	2.1
河　南	6237.2	6356.2	119.0	1.9
湖　北	5912.8	5871.4	-41.4	-0.7
湖　南	6444.1	6341.3	-102.8	-1.6
广　东	5742.7	5749.4	6.6	0.1
广　西	4848.9	4882.3	33.4	0.7
海　南	5316.9	5373.2	56.3	1.1
重　庆	5377.7	5398.8	21.1	0.4
四　川	5571.5	5587.9	16.4	0.3
贵　州	3880.0	3840.2	-39.8	-1.0
云　南	4489.1	4549.3	60.2	1.3
西　藏	5624.2	5642.7	18.4	0.3
陕　西	4105.2	4248.0	142.7	3.5
甘　肃	4504.2	4556.8	52.6	1.2
青　海	3766.6	3703.8	-62.8	-1.7
宁　夏	5508.9	5602.2	93.3	1.7
新　疆	6929.9	7099.8	170.0	2.5

注：东部地区包括：北京、天津、河北、上海、江苏、浙江、福建、山东、广东、海南等 10 省市；中部地区包括：山西、安徽、江西、河南、湖北、湖南等 6 省；西部地区包括：重庆、四川、贵州、云南、西藏、陕西、甘肃、青海、宁夏、新疆、内蒙古、广西等 12 省区市；东北地区包括：辽宁、吉林、黑龙江等 3 省。

数据来源：国家统计局统计资料。

表 7 2020 年各地区粮食及油料播种面积和产量（一）

单位：千公顷，万吨，公斤 / 公顷

地区	粮食			稻谷		
	播种面积	总产量	每公顷产量	播种面积	总产量	每公顷产量
全国总计	116768.2	66949.2	5733.5	30075.5	21186.0	7044.3
东部地区	24892.6	15843.0	6364.5	5851.5	4331.1	7401.8
中部地区	34330.7	20175.7	5876.9	12848.0	8630.4	6717.3
西部地区	33897.5	17247.7	5088.2	6146.5	4216.3	6859.7
东北地区	23647.3	13682.8	5786.2	5229.6	4008.1	7664.3
北　京	48.9	30.5	6243.9	0.2	0.1	6701.0
天　津	350.2	228.2	6515.7	53.4	50.2	9400.8
河　北	6388.8	3795.9	5941.5	78.7	48.9	6216.1
山　西	3130.0	1424.3	4550.4	2.4	1.7	6985.5
内蒙古	6833.2	3664.1	5362.2	160.9	123.1	7655.1
辽　宁	3527.2	2338.8	6630.9	520.4	446.5	8580.5
吉　林	5681.8	3803.2	6693.6	837.1	665.4	7948.8
黑龙江	14438.4	7540.8	5222.7	3872.0	2896.2	7479.7
上　海	114.3	91.4	8002.6	104.1	84.7	8135.2
江　苏	5405.6	3729.1	6898.5	2202.8	1965.7	8923.5
浙　江	993.4	605.7	6097.2	636.0	465.1	7313.0
安　徽	7289.5	4019.2	5513.7	2512.1	1560.5	6212.0
福　建	834.4	502.3	6019.9	601.7	391.7	6510.5
江　西	3772.4	2163.9	5736.1	3441.8	2051.2	5959.6
山　东	8281.5	5446.8	6577.1	112.5	98.8	8781.0
河　南	10738.8	6825.8	6356.2	617.1	513.7	8325.0
湖　北	4645.3	2727.4	5871.4	2280.7	1864.3	8174.3
湖　南	4754.8	3015.1	6341.3	3993.9	2638.9	6607.5
广　东	2204.7	1267.6	5749.4	1834.4	1099.6	5994.1
广　西	2806.1	1370.0	4882.3	1760.1	1013.7	5759.5
海　南	270.7	145.5	5373.2	227.5	126.3	5548.7
重　庆	2003.1	1081.4	5398.8	657.3	489.19	7442.8
四　川	6312.6	3527.4	5587.9	1866.3	1475.3	7905.0
贵　州	2754.1	1057.6	3840.2	665.1	416.0	6254.2
云　南	4167.4	1895.9	4549.3	818.9	524.9	6409.7
西　藏	182.3	102.9	5642.7	0.9	0.5	5594.1
陕　西	3001.0	1274.8	4248.0	105.1	80.5	7662.3
甘　肃	2638.3	1202.2	4556.8	3.4	1.7	4967.6
青　海	290.0	107.4	3703.8			
宁　夏	679.2	380.5	5602.2	60.8	49.4	8120.7
新　疆	2230.2	1583.4	7099.8	47.6	41.9	8790.7

注：东部地区包括：北京、天津、河北、上海、江苏、浙江、福建、山东、广东、海南等 10 省市；中部地区包括：山西、安徽、江西、河南、湖北、湖南等 6 省；西部地区包括：重庆、四川、贵州、云南、西藏、陕西、甘肃、青海、宁夏、新疆、内蒙古、广西等 12 省区市；东北地区包括：辽宁、吉林、黑龙江等 3 省。

数据来源：国家统计局统计资料。

表 7　2020 年各地区粮食及油料播种面积和产量（二）

单位：千公顷，万吨，公斤 / 公顷

地区	小麦			玉米		
	播种面积	总产量	每公顷产量	播种面积	总产量	每公顷产量
全国总计	23380.0	13425.4	5742.3	41264.3	26066.5	6317.0
东部地区	8703.9	5455.7	6268.1	8233.2	5189.1	6302.6
中部地区	10103.8	6073.1	6010.7	7979.0	4541.0	5691.2
西部地区	4515.7	1874.5	4151.1	12584.9	7922.5	6295.3
东北地区	56.6	22.1	3897.4	12467.2	8413.9	6748.8
北　京	8.4	4.6	5504.0	35.6	24.2	6785.1
天　津	104.0	62.9	6046.9	178.9	109.7	6133.3
河　北	2216.9	1439.3	6492.3	3417.1	2051.8	6004.6
山　西	535.9	236.5	4413.2	1742.2	979.9	5624.7
内蒙古	479.0	170.8	3565.7	3823.9	2742.7	7172.6
辽　宁	3.1	1.7	5410.8	2699.3	1793.9	6645.6
吉　林	4.8	1.7	3513.8	4287.2	2973.4	6935.6
黑龙江	48.7	18.7	3839.4	5480.7	3646.6	6653.6
上　海	7.5	5.3	7002.6	1.2	0.9	6897.4
江　苏	2338.9	1333.9	5703.0	509.8	308.3	6048.0
浙　江	93.4	40.8	4369.5	63.3	25.9	4093.6
安　徽	2825.2	1671.7	5917.2	1234.8	663.2	5371.5
福　建	0.1	0.0	2648.5	33.1	14.8	4465.0
江　西	14.4	3.3	2291.7	47.6	20.7	4340.3
山　东	3934.4	2568.9	6529.2	3871.1	2595.4	6704.6
河　南	5673.7	3753.1	6615.0	3818.0	2342.4	6135.1
湖　北	1031.4	400.7	3884.7	752.0	311.5	4142.9
湖　南	23.3	7.8	3341.9	384.4	223.2	5808.0
广　东	0.4	0.1	3684.2	123.1	58.2	4722.3
广　西	3.9	0.6	1617.6	597.0	273.3	4578.6
海　南						
重　庆	18.5	6.1	3286.8	440.9	251.1	5695.4
四　川	596.8	246.7	4134.2	1839.4	1065.0	5790.0
贵　州	138.1	33.4	2417.2	501.5	220.3	4394.0
云　南	320.0	69.7	2178.1	1802.5	938.0	5204.0
西　藏	29.9	17.6	5909.2	4.4	2.8	6210.7
陕　西	964.2	413.2	4286.0	1179.4	620.2	5258.1
甘　肃	708.7	268.9	3793.9	1000.8	616.8	6163.3
青　海	94.8	37.6	3963.5	21.4	14.8	6920.9
宁　夏	92.9	27.8	2990.7	322.7	249.1	7717.6
新　疆	1069.0	582.1	5445.1	1051.1	928.4	8833.4

注：东部地区包括：北京、天津、河北、上海、江苏、浙江、福建、山东、广东、海南等 10 省市；中部地区包括：山西、安徽、江西、河南、湖北、湖南等 6 省；西部地区包括：重庆、四川、贵州、云南、西藏、陕西、甘肃、青海、宁夏、新疆、内蒙古、广西等 12 省区市；东北地区包括：辽宁、吉林、黑龙江等 3 省。

数据来源：国家统计局统计资料。

表 7　2020 年各地区粮食及油料播种面积和产量（三）

单位：千公顷，万吨，公斤 / 公顷

地区	大豆			油料		
	播种面积	总产量	每公顷产量	播种面积	总产量	每公顷产量
全国总计	9882.5	1960.2	1983.5	13129.1	3586.4	2731.6
东部地区	633.0	172.4	2722.7	1907.4	680.9	3569.5
中部地区	1547.7	301.6	1948.6	5717.2	1577.2	2758.7
西部地区	2445.4	477.8	1953.9	4896.8	1135.0	2317.8
东北地区	5256.4	1008.4	1918.5	607.8	193.4	3182.3
北　京	1.2	0.3	2093.8	1.2	0.3	2670.4
天　津	4.1	0.8	2063.4	0.8	0.3	3646.8
河　北	89.5	22.3	2493.5	355.4	119.5	3363.2
山　西	119.6	20.8	1737.5	88.3	14.3	1620.8
内蒙古	1201.7	234.7	1953.5	909.5	217.3	2388.8
辽　宁	103.2	23.9	2317.0	309.6	99.7	3218.8
吉　林	321.1	64.2	2000.3	256.3	81.4	3175.8
黑龙江	4832.1	920.3	1904.5	41.8	12.3	2951.1
上　海	0.5	0.1	2781.5	2.4	0.7	3001.7
江　苏	196.4	51.9	2644.5	278.7	93.0	3337.6
浙　江	82.8	21.7	2628.2	137.3	32.1	2337.8
安　徽	605.1	92.9	1536.0	521.4	162.5	3115.8
福　建	34.4	9.5	2756.4	79.3	22.7	2866.2
江　西	113.5	27.8	2444.9	678.4	122.7	1808.6
山　东	188.7	55.5	2941.3	666.4	290.9	4365.9
河　南	375.2	93.4	2490.1	1597.5	672.6	4210.0
湖　北	219.7	35.5	1617.4	1377.9	344.5	2499.8
湖　南	114.7	31.2	2717.6	1453.5	260.7	1793.4
广　东	32.6	9.1	2790.6	355.3	113.5	3195.1
广　西	96.4	15.4	1601.2	262.2	73.9	2817.8
海　南	2.9	1.0	3586.5	30.7	7.7	2508.4
重　庆	98.1	20.2	2060.4	333.9	67.1	2008.8
四　川	432.7	101.3	2340.1	1583.9	392.9	2480.7
贵　州	211.8	22.4	1055.4	579.4	103.4	1784.6
云　南	186.6	46.4	2486.6	311.2	63.1	2027.1
西　藏	0.0	0.0	2474.6	20.2	5.1	2520.4
陕　西	151.3	23.6	1562.0	266.7	59.1	2216.2
甘　肃	47.0	8.2	1738.1	276.1	61.4	2226.0
青　海				143.6	30.2	2104.2
宁　夏	3.5	0.4	1130.4	33.0	6.7	2016.2
新　疆	16.4	5.2	3192.7	177.2	54.9	3095.2

注：东部地区包括：北京、天津、河北、上海、江苏、浙江、福建、山东、广东、海南等 10 省市；中部地区包括：山西、安徽、江西、河南、湖北、湖南等 6 省；西部地区包括：重庆、四川、贵州、云南、西藏、陕西、甘肃、青海、宁夏、新疆、内蒙古、广西等 12 省区市；东北地区包括：辽宁、吉林、黑龙江等 3 省。

数据来源：国家统计局统计资料。

表 8　2020 年各地区粮油产量及人均占有量排序

单位：万吨，公斤

地区	粮食产量		粮食人均占有量		油料产量		油料人均占有量	
	绝对数	位次	绝对数	位次	绝对数	位次	绝对数	位次
全国总计	66949.2		474.4		3586.4		25.4	
北　京	30.5	31	13.9	31	0.3	30	0.1	31
天　津	228.2	26	164.6	25	0.3	31	0.2	30
河　北	3795.9	6	509.1	10	119.5	9	16.0	16
山　西	1424.3	16	407.7	17	14.3	24	4.1	27
内蒙古	3664.1	8	1521.0	3	217.3	6	90.2	1
辽　宁	2338.8	12	548.3	7	99.7	12	23.4	13
吉　林	3803.2	5	1569.3	2	81.4	14	33.6	7
黑龙江	7540.8	1	2347.0	1	12.3	25	3.8	28
上　海	91.4	30	36.8	30	0.7	29	0.3	29
江　苏	3729.1	7	440.1	15	93.0	13	11.0	21
浙　江	605.7	23	94.3	29	32.1	21	5.0	26
安　徽	4019.2	4	659.1	5	162.5	7	26.6	11
福　建	502.3	24	121.1	27	22.7	23	5.5	25
江　西	2163.9	13	479.0	12	122.7	8	27.2	9
山　东	5446.8	3	537.4	8	290.9	4	28.7	8
河　南	6825.8	2	688.0	4	672.6	1	67.8	2
湖　北	2727.4	11	467.3	13	344.5	3	59.0	3
湖　南	3015.1	10	453.9	14	260.7	5	39.2	6
广　东	1267.6	19	100.9	28	113.5	10	9.0	23
广　西	1370.0	17	274.0	23	73.9	15	14.8	18
海　南	145.5	27	145.0	26	7.7	26	7.7	24
重　庆	1081.4	21	338.1	19	67.1	16	21.0	15
四　川	3527.4	9	421.9	16	392.9	2	47.0	5
贵　州	1057.6	22	274.5	22	103.4	11	26.8	10
云　南	1895.9	14	401.8	18	63.1	17	13.4	20
西　藏	102.9	29	283.0	21	5.1	28	14.0	19
陕　西	1274.8	18	322.8	20	59.1	19	15.0	17
甘　肃	1202.2	20	479.9	11	61.4	18	24.5	12
青　海	107.4	28	181.6	24	30.2	22	51.1	4
宁　夏	380.5	25	529.2	9	6.7	27	9.3	22
新　疆	1583.4	15	615.0	6	54.9	20	21.3	14

数据来源：国家统计局统计资料。

表9　2020年各地区人均粮食占有量

单位：公斤/人

地区	粮食	其中：谷物				
			稻谷	小麦	玉米	大豆
全国总计	474.4	437.1	150.1	95.1	184.7	13.9
北　京	13.9	13.4	0.1	2.1	11.0	0.1
天　津	164.6	163.3	36.3	45.4	79.1	0.6
河　北	509.1	485.2	6.6	193.1	275.2	3.0
山　西	407.7	381.1	0.5	67.7	280.5	5.9
内蒙古	1521.0	1362.2	51.1	70.9	1138.5	97.4
辽　宁	548.3	535.3	104.7	0.4	420.5	5.6
吉　林	1569.3	1526.1	274.6	0.7	1226.9	26.5
黑龙江	2347.0	2047.0	901.4	5.8	1135.0	286.4
上　海	36.8	36.7	34.1	2.1	0.3	0.1
江　苏	440.1	428.6	232.0	157.4	36.4	6.1
浙　江	94.3	83.5	72.4	6.4	4.0	3.4
安　徽	659.1	639.8	255.9	274.1	108.8	15.2
福　建	121.1	98.4	94.4	0.0	3.6	2.3
江　西	479.0	459.6	454.1	0.7	4.6	6.1
山　东	537.4	520.6	9.7	253.5	256.1	5.5
河　南	688.0	668.5	51.8	378.3	236.1	9.4
湖　北	467.3	442.3	319.5	68.7	53.4	6.1
湖　南	453.9	433.1	397.3	1.2	33.6	4.7
广　东	100.9	92.3	87.6	0.0	4.6	0.7
广　西	274.0	258.1	202.7	0.1	54.7	3.1
海　南	145.0	125.8	125.8			1.0
重　庆	338.1	235.7	152.9	1.9	78.5	6.3
四　川	421.9	339.3	176.5	29.5	127.4	12.1
贵　州	274.5	182.8	108.0	8.7	57.2	5.8
云　南	401.8	336.5	111.3	14.8	198.8	9.8
西　藏	283.0	277.1	1.5	48.5	7.6	0.0
陕　西	322.8	291.2	20.4	104.6	157.0	6.0
甘　肃	479.9	376.1	0.7	107.3	246.2	3.3
青　海	181.6	121.8		63.5	25.0	
宁　夏	529.2	469.1	68.7	38.7	346.4	0.5
新　疆	615.0	604.9	16.3	226.1	360.6	2.0

数据来源：国家统计局统计资料。

表 10 2020 年各地区人均农产品占有量

单位：公斤 / 人

地区	粮食	棉花	油料	糖料	水果	水产品
全国总计	474.4	4.2	25.4	85.1	203.3	46.4
北 京	13.9	0.0	0.1		24.6	1.0
天 津	164.6	0.7	0.2	0.0	40.7	20.5
河 北	509.1	2.8	16.0	8.5	191.0	13.5
山 西	407.7	0.0	4.1	0.0	260.4	1.3
内蒙古	1521.0	0.0	90.2	257.7	99.1	4.9
辽 宁	548.3	0.0	23.4	2.1	199.6	108.4
吉 林	1569.3		33.6	1.7	60.5	10.1
黑龙江	2347.0		3.8	4.4	52.9	21.0
上 海	36.8	0.0	0.3	0.1	17.7	9.8
江 苏	440.1	0.1	11.0	0.8	115.0	57.9
浙 江	94.3	0.1	5.0	7.2	117.6	91.8
安 徽	659.1	0.7	26.6	1.8	121.6	38.1
福 建	121.1	0.0	5.5	6.5	184.3	200.8
江 西	479.0	1.2	27.2	13.5	157.8	58.1
山 东	537.4	1.8	28.7	0.0	290.0	81.8
河 南	688.0	0.2	67.8	1.1	258.4	9.9
湖 北	467.3	1.8	59.0	4.8	182.8	80.2
湖 南	453.9	1.1	39.2	5.3	173.2	39.0
广 东	100.9		9.0	108.9	149.9	69.7
广 西	274.0	0.0	14.8	1482.3	557.1	69.2
海 南	145.0		7.7	105.5	493.9	164.1
重 庆	338.1		21.0	2.6	161.0	16.4
四 川	421.9	0.0	47.0	4.5	146.1	19.2
贵 州	274.5	0.0	26.8	16.0	142.3	6.5
云 南	401.8	0.0	13.4	338.5	203.8	13.6
西 藏	283.0		14.0		5.9	0.3
陕 西	322.8	0.0	15.0	0.2	524.3	4.3
甘 肃	479.9	1.2	24.5	9.0	311.0	0.6
青 海	181.6		51.1		4.9	3.1
宁 夏	529.2		9.3	0.0	284.4	22.5
新 疆	615.0	200.5	21.3	179.5	644.9	6.3

数据来源：国家统计局统计资料。

表11 2020年分地区粮食产业主要经济指标情况表

单位：亿元

项目	工业总产值	销售收入	利润总额
全国总计	31800.0	33072.0	2768.2
北 京	313.2	392.4	33.1
天 津	459.9	529.7	21.4
河 北	1162.1	1169.6	52.6
山 西	345.0	369.7	58.6
内蒙古	440.9	465.7	29.3
辽 宁	989.8	1002.3	38.9
吉 林	573.0	593.1	7.4
黑龙江	1348.1	1378.1	30.9
上 海	263.0	345.2	22.8
江 苏	2862.4	2870.4	234.0
浙 江	688.0	723.1	37.2
安 徽	2602.2	2441.9	140.6
福 建	764.3	779.6	45.7
江 西	944.6	911.5	32.9
山 东	4364.8	4762.9	170.0
河 南	2264.3	2205.3	194.4
湖 北	1664.3	1544.6	77.6
湖 南	1497.7	1349.3	61.5
广 东	2269.9	2489.4	136.2
广 西	862.8	939.6	33.8
海 南	84.4	94.8	2.2
重 庆	308.5	320.3	18.8
四 川	1985.2	2477.6	438.1
贵 州	1350.9	1390.3	763.7
云 南	266.4	379.0	18.8
西 藏	9.0	10.6	1.8
陕 西	485.9	448.5	27.2
甘 肃	148.1	141.4	12.6
青 海	14.8	17.8	-0.1
宁 夏	107.4	115.7	4.1
新 疆	359.1	412.6	22.1

数据来源：国家粮食和物资储备局统计资料。

表 12　2020 年分地区粮食产业生产能力汇总表

单位：万吨

项目	年处理小麦	年处理稻谷	年处理玉米	年处理油料	年精炼油脂	年生产饲料
全国总计	20423.2	37786.8	2207.8	17342.6	6815.4	37932.0
北　京	116.5	101.3	/	8.4	6.3	273.9
天　津	128.1	73.3	15.3	538.9	242.7	317.8
河　北	1994.2	260.8	71.6	585.0	230.6	1247.6
山　西	347.7	2.1	18.1	11.8	4.9	1207.4
内蒙古	255.5	175.0	61.4	237.8	53.6	809.2
辽　宁	100.0	1781.5	126.2	814.3	132.5	2386.9
吉　林	18.0	1861.9	95.5	178.4	55.1	848.9
黑龙江	217.0	6957.1	399.8	836.7	184.8	1223.2
上　海	45.0	144.9	/	62.7	115.7	168.9
江　苏	1580.5	3478.8	760.5	2482.3	1014.7	2017.2
浙　江	138.9	653.7	23.9	413.3	140.9	722.6
安　徽	1903.7	4458.5	75.4	454.4	259.6	1806.9
福　建	259.2	704.6	4.8	560.4	240.7	1430.2
江　西	29.4	3666.8	12.0	141.3	184.8	2031.4
山　东	4575.9	247.7	152.4	2568.8	740.8	5096.4
河　南	5454.6	1073.0	201.3	838.5	337.6	2352.5
湖　北	628.4	5077.7	92.9	1180.7	562.5	1653.2
湖　南	42.8	3148.8	10.4	461.5	382.2	2114.0
广　东	531.9	815.1	26.0	1557.2	662.7	3826.7
广　西	21.8	600.7	/	1592.8	348.1	2023.8
海　南	10.0	22.2	/	0.1	0.9	326.6
重　庆	49.5	329.5	/	174.3	97.3	423.8
四　川	227.0	1110.7	3.8	637.5	338.5	1862.3
贵　州	3.7	285.2	1.4	103.1	40.2	192.3
云　南	68.3	310.0	8.1	51.9	39.7	538.3
西　藏	3.6	/	/	1.7	0.9	1.8
陕　西	529.9	130.2	40.9	215.6	121.0	359.2
甘　肃	314.1	/	1.5	32.4	33.0	176.5
青　海	24.9	2.0	0.3	113.8	44.3	22.6
宁　夏	148.3	241.1	1.8	36.9	27.3	176.4
新　疆	655.1	72.8	2.7	450.2	171.7	293.5

数据来源：国家发展和改革委员会统计资料。

表 13　粮食成本收益变化情况表（1991—2020 年）

单位：元

年份	每 50 公斤平均出售价格				每亩总成本				每亩净利润			
	粮食平均	稻谷	小麦	玉米	粮食平均	稻谷	小麦	玉米	粮食平均	稻谷	小麦	玉米
1991	26.1	28.5	30.0	21.1	153.9	188.4	138.4	135.3	34.3	62.4	6.3	34.0
1992	28.4	29.3	33.1	24.3	163.8	192.3	149.3	150.6	44.0	67.7	21.2	42.3
1993	35.8	40.4	36.5	30.2	178.6	211.2	169.8	155.2	92.3	145.1	35.6	95.8
1994	59.4	71.2	56.5	48.2	239.4	298.1	213.2	206.7	190.7	316.7	82.3	173.3
1995	75.1	82.1	75.4	67.0	321.8	391.4	281.7	292.2	223.9	311.1	130.5	230.1
1996	72.3	80.6	81.0	57.2	388.7	458.3	359.5	351.2	155.7	247.5	92.9	123.8
1997	65.1	69.4	70.1	55.8	386.1	450.2	349.5	358.4	105.4	171.8	74.8	69.8
1998	62.1	66.9	66.6	53.8	383.9	437.4	357.5	356.6	79.3	155.9	-6.2	88.2
1999	53.0	56.6	60.4	43.7	370.7	425.2	351.5	337.2	25.6	75.8	-12.1	11.2
2000	48.4	51.7	52.9	42.8	356.2	401.7	352.5	330.6	-3.2	50.1	-28.8	-6.9
2001	51.5	53.7	52.5	48.3	350.6	400.5	323.6	327.9	39.4	81.4	-27.5	64.3
2002	49.2	51.4	51.3	45.6	370.4	415.8	342.7	351.6	4.9	37.6	-52.7	30.8
2003	56.5	60.1	56.4	52.7	368.3	419.1	339.6	347.6	42.9	94.9	-30.3	62.8
2004	70.7	79.8	74.5	58.1	395.5	454.6	355.9	375.7	196.5	285.1	169.6	134.9
2005	67.4	77.7	69.0	55.5	425.0	493.3	389.6	392.3	122.6	192.7	79.4	95.5
2006	72.0	80.6	71.6	63.4	444.9	518.2	404.8	411.8	155.0	202.4	117.7	144.8
2007	78.8	85.2	75.6	74.8	481.1	555.2	438.6	449.7	185.2	229.1	125.3	200.8
2008	83.5	95.1	82.8	72.5	562.4	665.1	498.6	523.5	186.4	235.6	164.5	159.2
2009	91.3	99.1	92.4	82.0	630.3	716.7	592.0	582.3	162.4	217.6	125.5	144.2
2010	103.8	118.0	99.0	93.6	672.7	766.6	618.6	632.6	227.2	309.8	132.2	239.7
2011	115.4	134.5	104.0	106.1	791.2	897.0	712.3	764.2	250.8	371.3	117.9	263.1
2012	119.9	138.1	108.3	111.1	936.4	1055.1	830.4	924.2	168.4	285.7	21.3	197.7
2013	121.1	136.5	117.8	108.8	1026.2	1151.1	914.7	1012.0	72.9	154.8	-12.8	77.5
2014	124.4	140.6	120.6	111.9	1068.6	1176.6	965.1	1063.9	124.8	204.8	87.8	81.8
2015	116.3	138.0	116.4	94.2	1090.0	1202.1	984.3	1083.7	19.6	175.4	17.4	-134.2
2016	108.4	136.8	111.6	77.0	1093.6	1201.8	1012.5	1065.6	-80.3	142.0	-82.2	-299.7
2017	111.6	137.9	116.6	82.2	1081.6	1210.2	1007.6	1026.5	-12.5	132.6	6.1	-175.8
2018	109.7	129.4	112.2	87.8	1093.8	1223.6	1012.9	1044.8	-85.6	65.9	-159.4	-163.3
2019	109.4	127.2	112.3	89.6	1108.9	1241.8	1028.9	1055.7	-30.5	20.4	15.1	-126.8
2020	122.5	137.5	114.2	115.6	1120.3	1253.8	1026.5	1080.7	46.5	48.7	-16.6	107.2

数据来源：国家发展和改革委员会统计资料。

表 14 国有粮食企业主要粮食品种收购量（2005—2020 年）

单位：原粮，万吨

年份	合计	小麦	稻谷	玉米	大豆	其他
2005	12617.45	3745.20	3695.95	4529.90	506.00	140.40
2006	13199.30	6039.95	3096.25	3424.70	492.20	146.20
2007	11039.30	4733.15	2856.95	3008.30	321.45	119.45
2008	17008.00	6712.70	5142.10	4754.20	313.40	85.60
2009	16386.50	6833.95	3800.95	4988.45	653.00	110.15
2010	13352.15	6177.70	3082.10	3333.65	648.80	109.90
2011	12672.05	4650.40	4028.70	3428.10	465.65	99.20
2012	13498.40	4871.40	3709.30	4260.90	563.90	92.90
2013	18630.90	4023.80	5722.90	8472.70	317.20	94.30
2014	20656.75	5779.05	5497.55	8995.50	317.05	67.60
2015	26122.90	5095.30	5787.10	15046.60	140.10	53.80
2016	22514.25	5939.75	6114.80	10331.50	66.55	61.65
2017	16397.40	5250.15	5144.25	5801.65	145.65	55.70
2018	12594.50	3119.25	5011.30	4218.10	175.35	70.50
2019	14872.47	5234.86	4286.22	5126.93	151.68	72.78
2020	13853.48	3690.14	4134.98	5879.84	80.46	68.06

数据来源：国家粮食和物资储备局统计资料。

表 15 国有粮食企业主要粮食品种销售量（2005—2020 年）

单位：原粮，万吨

年份	合计	小麦	稻谷	玉米	大豆	其他
2005	13275.10	4276.90	3693.55	4348.75	841.70	114.20
2006	13209.30	4246.10	3846.50	4133.20	847.60	135.90
2007	14230.60	5104.00	4168.35	3890.35	892.75	175.15
2008	16635.80	7352.90	4430.90	3985.40	755.90	110.70
2009	17974.45	7094.20	4335.35	5261.40	1145.75	137.75
2010	20280.35	7569.00	4416.85	6454.75	1662.95	176.80
2011	20513.80	7342.20	5200.80	5839.05	1992.20	139.55
2012	18154.70	6929.95	4296.05	4548.00	2188.10	192.60
2013	20814.20	7623.60	4435.80	6179.65	2418.00	157.15
2014	22860.05	6124.95	5586.30	8226.25	2618.10	304.45
2015	20400.50	5616.00	5717.30	5639.40	2704.60	723.20
2016	26906.30	5957.70	6867.90	10523.15	2950.60	606.95
2017	33269.60	6769.25	7374.95	14270.95	4210.55	643.90
2018	40183.00	6687.50	7863.05	20953.95	4144.95	1883.55
2019	35121.09	6695.43	8554.58	14673.83	4782.98	414.26
2020	45054.45	8886.73	9674.32	20073.64	5627.96	791.80

数据来源：国家粮食和物资储备局统计资料。

表 16　全国粮油进口情况表（2001—2020 年）

单位：万吨

年份	粮食	谷物					大豆	食用植物油	豆油	菜籽油	棕榈油	花生油
			小麦	大米	玉米	大麦						
2001	1950.4	344.3	73.9	26.9	3.9	236.8	1393.9	149.2	7.0	4.9	136.0	0.9
2002	1605.1	284.9	63.2	23.6	0.8	190.7	1131.4	266.3	87.0	7.8	169.5	0.4
2003	2525.8	208.0	44.7	25.7	0.1	136.3	2074.1	441.2	188.4	15.2	232.8	0.7
2004	3351.5	974.5	725.8	75.6	0.2	170.7	2023.0	529.1	251.6	35.3	239.0	0.0
2005	3647.0	627.1	353.9	51.4	0.4	217.9	2659.0	471.9	169.4	17.8	283.8	0.0
2006	3713.8	358.2	61.3	71.9	6.5	213.1	2823.7	581.3	154.3	4.4	418.7	0.0
2007	3731.0	155.5	10.1	48.8	3.5	91.3	3081.7	767.5	282.3	37.5	438.7	1.1
2008	4130.6	154.0	4.3	33.0	5.0	107.6	3743.6	752.8	258.6	27.0	464.7	0.6
2009	5223.1	315.0	90.4	35.7	8.4	173.8	4255.1	816.2	239.1	46.8	511.4	2.1
2010	6695.4	570.7	123.1	38.8	157.3	236.7	5479.8	687.2	134.1	98.5	431.4	6.8
2011	6390.0	544.6	125.8	59.8	175.4	177.6	5263.7	656.8	114.3	55.1	470.1	6.1
2012	8024.6	1398.2	370.1	236.9	520.8	252.8	5838.4	845.1	182.6	117.6	523.0	6.3
2013	8645.2	1458.1	553.5	227.1	326.6	233.5	6337.5	809.8	115.8	152.7	487.4	6.1
2014	10042.4	1951.0	300.4	257.9	259.9	541.3	7139.9	650.2	113.5	81.0	396.9	9.4
2015	12477.5	3270.4	300.6	337.7	473.0	1073.2	8169.2	676.5	81.8	81.5	431.2	12.8
2016	11467.6	2198.9	341.2	356.2	316.8	500.5	8391.3	552.8	56.0	70.0	315.7	10.7
2017	13061.5	2559.2	442.2	402.6	282.7	886.3	9552.6	577.3	65.3	75.7	346.5	10.8
2018	11554.8	1649.6	309.9	305.8	352.4	681.5	8803.1	629.0	54.9	129.5	357.2	12.8
2019	11144.4	1785.1	348.8	254.6	479.3	592.9	8851.1	953.3	82.6	161.5	561.2	19.4
2020	14262.1	3573.6	837.6	294.3	1129.6	807.9	10032.7	983.1	96.3	193.2	465.6	26.9

数据来源：国家发展和改革委员会根据《海关统计》整理。

表17　全国粮油出口情况表（2001—2020年）

单位：万吨

年份	粮食	谷物	小麦	大米	玉米	大豆	食用植物油	豆油	菜籽油
2001	991.2	875.6	71.3	185.9	600.0	24.8	13.5	6.0	5.4
2002	1619.6	1482.2	97.7	198.2	1167.5	27.6	9.7	4.7	1.8
2003	2354.6	2194.7	251.4	260.5	1640.1	26.7	6.0	1.1	0.5
2004	620.4	473.4	108.9	89.8	232.4	33.5	6.5	1.9	0.5
2005	1182.3	1013.7	60.5	67.4	864.2	39.6	22.5	6.3	3.1
2006	774.4	605.2	151.0	124.0	309.9	37.9	39.9	11.8	14.5
2007	1169.5	986.7	307.3	134.3	492.1	45.6	16.6	6.6	2.2
2008	378.9	181.2	31.0	97.2	27.3	46.5	24.8	13.4	0.7
2009	328.3	131.7	24.5	78.0	13.0	34.6	11.4	6.9	0.9
2010	275.1	119.9	27.7	62.2	12.7	16.4	9.2	5.9	0.4
2011	287.5	116.4	32.8	51.6	13.6	20.8	12.2	5.1	0.3
2012	276.6	96.0	28.5	27.9	25.7	32.0	10.0	6.5	0.7
2013	243.1	94.7	27.8	47.8	7.8	20.9	11.5	9.0	0.6
2014	211.4	70.9	19.0	41.9	2.0	20.7	13.4	10.0	0.7
2015	163.5	47.8	12.2	28.7	1.1	13.4	13.5	10.4	0.5
2016	190.1	58.1	11.3	39.5	0.4	12.7	11.3	8.0	0.5
2017	280.2	155.7	18.3	119.7	8.6	11.2	20.0	13.3	2.1
2018	365.9	238.7	28.6	208.9	1.2	13.4	29.5	21.8	1.5
2019	434.5	318.0	31.3	274.8	2.6	11.4	26.7	19.7	1.1
2020	354.5	254.4	18.1	230.5	0.3	8.0	17.1	10.8	0.3

数据来源：国家发展和改革委员会根据《海关统计》整理。

表 18 国民经济与社会发展总量指标（1978—2020 年）（一）

指标	单位	1978 年	1990 年	2000 年	2019 年	2020 年
人口						
年末总人口	万人	96259	114333	126743	141008	141178
城镇人口	万人	17245	30195	45906	88426	90199
乡村人口	万人	79014	84138	80837	52582	50979
国民经济核算						
国内生产总值	亿元	3678.7	18872.9	100280.1	986515.2	1015986.2
第一产业	亿元	1018.5	5017.2	14717.4	70473.6	77754.1
第二产业	亿元	1755.1	7744.1	45663.7	380670.6	384255.3
第三产业	亿元	905.1	6111.6	39899.1	535371.0	553976.8
人均国内生产总值	元	385	1663	7942	70328	72000
就业和失业						
就业人员	万人	40152	64749	72085	75447	75064
# 城镇就业人员	万人	9514	17041	23151	45249	46271
城镇登记失业人员	万人	530	383	595	945	1160
居民收入						
全国居民人均可支配收入	元	171	904	3721	30733	32189
城镇居民人均可支配收入	元	343	1510	6256	42359	43834
农村居民人均可支配收入	元	134	686	2282	16021	17131
财政						
一般公共预算收入	亿元	1132.3	2937.1	13395.2	190390.1	182894.9
一般公共预算支出	亿元	1122.1	3083.6	15886.5	238858.4	245588.0
能源						
一次能源生产总量	万吨标准煤	62770	103922	138570	397317	408000
能源消费总量	万吨标准煤	57144	98703	146964	487488	498000
固定资产投资						
全社会固定资产投资总额	亿元		4517.0	32917.7	513608.3	527270.3
# 房地产开发	亿元		253.3	4984.1	132194.3	141442.9
对外贸易和实际利用外资						
货物进出口总额	亿元	355.0	5560.1	39273.3	315627.3	321556.9
出口额	亿元	167.6	2985.8	20634.4	172373.6	179326.4
进口额	亿元	187.4	2574.3	18638.8	143253.7	142230.6
外商直接投资	亿美元		34.9	407.2	1381.4	1443.7
主要农业、工业产品产量						
粮食	万吨	30477	44624	46218	66384	66949
棉花	万吨	217	451	442	589	591
油料	万吨	522	1613	2955	3493	3586
肉类	万吨	943	2857	6014	7759	7748
原煤	亿吨	6.18	10.80	13.84	38.46	39.02
原油	万吨	10405	13831	16300	19163	19477
水泥	万吨	6524	20971	59700	234431	239484
粗钢	万吨	3178	6635	12850	99542	106477
发电量	亿千瓦小时	2566	6212	13556	75034	77791

注：2019 年人口数据根据第七次全国人口普查结果进行了修订，2020 年人口数据为普查时点（2020 年 11 月 1 日零时）数。2019 年就业人员和城镇就业人员数据根据第七次全国人口普查结果进行了修订。（以下相关表同）

数据来源：国家统计局统计资料。

表18 国民经济与社会发展总量指标（1978—2020年）（二）

指标	单位	1978年	1990年	2000年	2019年	2020年
建筑业						
建筑业总产值	亿元		1345	12498	248443	263947
消费品零售和旅游						
社会消费品零售总额	亿元	1559	8300	38447	408017	391981
入境游客	万人次	181	2746	8344	14531	
国际旅游收入	亿美元	2.6	22.2	162.2	1312.5	
运输和邮电						
客运量	万人	253993	772682	1478573	1760436	966540
货运量	万吨	319431	970602	1358682	4713624	4735564
邮政业务总量	亿元	14.9	46.0	232.8	16229.6	21053.2
电信业务总量	亿元	19.2	109.6	4559.9	106810.7	136758.3
移动电话用户	万户		1.8	8453	160134	159407
固定电话用户	万户	193	685	14483	19103	18191
金融						
金融机构人民币各项						
存款余额	亿元	1155	13943	123804	1928785	2125721
金融机构人民币各项						
贷款余额	亿元	1890	17511	99371	1531123	1727452
科技、教育、卫生、文化						
研究与试验发展经费支出	亿元			896	22144	24426
技术市场成交额	亿元			651	22398	28252
在校学生数						
#普通本、专科	万人	86	206	556	3032	3285
普通高中	万人	1553	717	1201	2414	2494
初中	万人	4995	3917	6256	4827	4914
普通小学	万人	14624	12241	13013	10561	10725
医院数	万个	0.93	1.44	1.63	3.44	3.50
医院床位数	万张	110	187	217	687	713
执业（助理）医师	万人	98	176	208	387	408
社会保障						
参加基本养老保险人数	万人		6166	13617	96754	99882
参加基本医疗保险人数	万人			3787	135407	136100
参加失业保险人数	万人			10408	20543	21689
参加工伤保险人数	万人			4350	25478	26770
参加生育保险人数	万人			3002	21417	23546
社会保险基金收入	亿元		187	2645	83550	74826

注：1.2000年、2019年社会消费品零售总额根据第四次全国经济普查结果及有关制度规定进行了修订。

2.本表价值量指标中，邮政、电信业务总量2000年及以前按1990年不变价格计算，2019—2020年邮政业务总量按2010年不变价格计算、电信业务总量按2015年不变价格计算；其余指标按当年价格计算。

3.2020年社会保障数据为快报数。2017年及以后大部分省份参加新兴农村合作医疗的人员并入城乡居民基本医疗保险参保人数中；2016年及以前主要为城镇基本医疗保险参保人数。

数据来源：国家统计局统计资料。

后　记

《中国粮食和物资储备发展报告》是国家粮食和物资储备局主编，经国家新闻出版管理部门批准出版，逐年编撰、连续出版的资料性年刊。主要聚焦粮食和物资储备重点难点问题，系统反映发展状况，客观展示历史足迹，为科学决策和理论研究提供参考，为社会了解粮食和物资储备发展状况提供帮助。《2021 中国粮食和物资储备发展报告》（以下简称《报告》）囊括粮食生产、市场供求与价格、宏观调控、流通监管、质量与标准、流通体系建设、流通体制改革、节粮减损与支援地方、棉花和食糖储备、物资储备、能源储备、行业发展、对外开放与国际合作 13 个部分，并设置 12 个专栏，突出体现粮食和物资储备工作重点、亮点和创新点，全面展现 2020 年粮食和物资储备系统工作实绩与发展成果，收录了较为完备的行业统计资料。《报告》（包括附表）所有统计资料和数据均未包括我国香港、澳门特别行政区和台湾地区。

《报告》在编写过程中得到了国家发展和改革委员会、农业农村部、国家统计局等有关部门的大力支持，参加《报告》编写工作的部门及单位有：国家发展和改革委员会农经司、经贸司、价格司，农业农村部种植业管理司，国家统计局综合司、农村司，国家粮食和物资储备局办公室、粮食储备司、物资储备司、能源储备司、法规体改司、规划建设司、财务审计司、安全仓储与科技司、执法督查局、外事司、人事司、信息化推进办公室、标准质量中心、中国粮食研究培训中心、国家粮油信息中心、粮食交易协调中心、科学研究院、中国石油储备中心、中国粮油学会等。

在此，谨向在《报告》编写过程中给予大力支持的领导、专家和同志们表示衷心的感谢！《报告》如有不妥之处，敬请批评指正。

《中国粮食和物资储备发展报告》编辑部

中国粮食研究培训中心

2021 年 10 月 8 日

责任编辑：刘敬文

图书在版编目（CIP）数据

2021 中国粮食和物资储备发展报告 / 国家粮食和物资储备局 主编 . —北京：人民出版社，2021.10
ISBN 978 – 7 – 01 – 023914 – 9

I. ① 2… II. ①国… III. ①国家物资储备 – 研究报告 – 中国 –2021 IV. ① F259.21

中国版本图书馆 CIP 数据核字（2021）第 217582 号

2021 中国粮食和物资储备发展报告

2021 ZHONGGUO LIANGSHI HE WUZI CHUBEI FAZHAN BAOGAO

国家粮食和物资储备局 主编

人民出版社 出版发行
（100706 北京市东城区隆福寺街 99 号）

北京尚唐印刷包装有限公司印刷 新华书店经销

2021 年 10 月第 1 版 2021 年 10 月北京第 1 次印刷
开本：889 毫米 ×1194 毫米 1/16 印张：12.5
字数：123 千字

ISBN 978 – 7 – 01 – 023914 – 9 定价：150.00 元

邮购地址 100706 北京市东城区隆福寺街 99 号
人民东方图书销售中心 电话：（010）65250042 65289539